CRUCE AL PORVENIR

Fernando Reynoso

Cruce al Porvenir es la visión analítica de los males que padecen los países denominados Tercermundistas; su autor, **FERNANDO REYNOSO**, preocupado por el curso que están tomando estas naciones, ha querido dar un grito de alarma, para tratar de despertarlos.

FERNANDO REYNOSO, nació en Santo Domingo, República Dominicana; es un empresario, optometrista y abogado; preocupado por la suerte de los países de sus raíces.

La inquietud de **FERNANDO REYNOSO** nace de las vivencias que ha tenido tanto en los países desarrollados como en los subdesarrollados, ya que Fernando ha vivido por muchos años en los Estados Unidos de América; ha estado en contacto con países• como Japón, Francia, Alemania, España, Inglaterra y muchos otros países del viejo mundo. En el nuevo mundo ha estado en Venezuela, Canadá, Ecuador, Curazao, Haití, Cuba y muchos otros. En cada uno de estos países ha sido testigo de muchas de sus acciones sociales.

CRUCE AL PORVENIR

POR FERNANDO REYNOSO

Cruce al porvenir

SEGUNDA EDICIÓN

SANTO DOMINGO
REPUBLICA DOMINICANA
1998

Cruce al porvenir

Autor: Fernando Reynoso

Octubre, 1998
Segunda edición

EDITORA Reynoso

Impreso originalmente en República Dominicana
Printed originally in the Dominican Republic

CRUCE AL PORVENIR

CONTENIDO

Nota del autor 9

Prólogo 12

Desarrollo social y personal del individuo 16

Creemos nuestro futuro 23

Protejamos nuestro esfuerzo................................26

Los obstáculos en nuestras vidas..........................29

No nos hagamos enemigos de nosotros mismos ..34

¿Por qué cobijarnos en mentiras?........................39

No vivamos con el pasado....................................43

No le hagamos la guerra a nuestra propia gente...50

Hagámonos grande...56

El trabajo, secreto del éxito 63

Valoremos la esencia del individuo......................66

La identidad cultural...69

Un mensaje personal para ti 79

Países pequeños con alma grande 83
Costumbres tercermundistas.................................86
Las festividades en los países del tercer mundo...92
La corrupción un mal del tercer mundo 95
Los recursos vilipendiados del tercer mundo 101
Los placeres y el tercer mundo...........................106
Los líderes políticos e ídolos del tercer mundo..109
La unión y los países tercermundistas................114
La inmigración y los países del tercer mundo....122
Países del tercer mundo marionetas de los países desarrollados...128
La globalización y los países del tercer mundo..132
El agua, un recurso del tercer mundo.................138
La pócima que los países desarrollados no quieren tomar...142
Los países del tercer mundo y su cruce al porvenir 148
Conclusiones 152

NOTA DEL AUTOR

El escritor Lobsang Rampa en su libro "La Sabiduría de los Ancianos", empieza diciendo: "A mucha gente le gustan las grandes palabras y todo lo confunden cuando mezclan las grandes palabras"; seguía, "A mí me gustan las pequeñas. Gracias a ellas es mucho más fácil decir lo que se quiere expresar".

Espero que la suerte sea mi compañera fiel; que junto a la generosidad de ustedes puedan entender las ideas que yo he tratado de plasmar con el objetivo de que la sociedad del Tercer Mundo pueda mejorar algunos de los puntos que, a mi entender, han sido las razones que han incidido en la situación actual que viven los países subdesarrollados.

En mis escritos he querido identificarme con ese gran filósofo y político francés, Michell de Montaigne, principalmente, con su gran obra maestra "Ensayos", que no fue más que una recopilación de los incidentes que se producían en la vida diaria de él y de su sociedad, los cuales organizó a su manera, pero, logrando el objetivo de llevar un mensaje a la humanidad para el mejoramiento de esta. No pretendo comparar mis humildes escritos con los de ese gran hombre de letras, solo he querido de la forma más modesta exponer mis ideas en una forma parecida a la que él utilizó.

Quisiera agradecer de antemano que ustedes, hayan permitido recibir el mensaje, que con la mayor sinceridad y honestidad he tratado de llevarles a través de estas páginas; con la esperanza de no correr la suerte de ese gran escritor español Pío Baroja, que no fue hasta su desaparición física, cuando los críticos literarios lo dejaron en paz, no sin antes haberle hecho beber en la fuente de la desdicha y la frustración, que para él fue como le ocurrió al filósofo griego Sócrates, que le hicieron tomar el verdor del jugo venenoso de la cicuta; mucho menos quisiera correr la suerte del joven Galileo, que a los 33 años vio su existencia terrenal interrumpida por la ambición y la envidia de seres descarnados, incapaces de ver la luz en el firmamento, con una ceguera impuesta por la venda del egoísmo y la traición.

PRÓLOGO

La realidad que vivimos los pobladores del Tercer Mundo, como se han empeñado en llamarnos economistas y sociólogos de las naciones desarrolladas, se ha constituido en una extraordinaria maestra de ejemplo, cuyas enseñanzas se perciben en cada situación, en cada momento, y hasta en cada espacio de nuestro hábitat espiritual.

Todo se nos presenta con un patetismo tragicómico; todo registra una orientación histórica.

Prácticamente conocemos de donde vino todo; pero, luego de cinco siglos de historia, no sabemos hasta donde nos llevará esta desgarrante realidad.

Algunos momentos de la obra **"CRUCE AL PORVENIR"** se nos presentan con detalles y colores tan contundentes, que difícil sería para el lector, negar la fuerza de denuncia que se revientan entre los tejidos sintácticos y ortográficos de este trabajo, redactado en tono discursivo y con una sinceridad poco común, que a manera de ensayo vamos encontrando.

Y cierto es que Europa, con unos 55 países, según quede dividida, tras cada lucha étnico religiosa, y hablando unos 90 idiomas en esta limitada geografía, alcanza su unidad económica y social, en no menos de treinta años; mientras América Latina, con igualdad social, con una indisentible unidad religiosa y una historia común, hasta de independencia en muchos casos, no haya podido ponerse de acuerdo en torno a un mercado regional con características reivindicativas y de desarrollo futuro.

Iguales reflexiones encontrará en este singular trabajo, donde se mezclan la antropología filosófica, la sociología del desarrollo y la economía de mercados, todas matizadas por el alcance de un ideal de progreso, desarrollo y fraternidad, que el autor enuncia y repite de manera constante a lo largo de la obra.

Y digo ideal, utilizando la palabra con la misma dirección semántica de Antonie Destutt de Tracy, o de los mandamientos de Martí, Rodó y José Ingenieros. Para quienes si no hay un ideal no hay una verdadera intención de cambiar el mundo. Y, sobre todo, hay que tener una configuración de cómo será el mundo que se intenta construir.

Sobre este aspecto, el autor de **"CRUCE AL PORVENIR"** es vehemente, para él la solución a los problemas que nos hacen subyacer en un mundo de precariedades y contradicciones, está planteado en la toma de conciencia de que podemos, si queremos.

Por cuanto, como él ha dicho, la historia es abundante en experiencias frustratorias, y para salir de ellas Fernando Reynoso propone como llaves la unidad nacional, la reafirmación de los valores patrios y sentimientos americanistas y el trabajo creador y eficiente.

La lectura de **"CRUCE AL PORVENIR"** es, a fin de cuentas, una rica fuente de reflexiones con informaciones puestas al día, y un interesante conjunto de referencias culturales, presentadas en una perspectiva optimista de la sociedad futura, sin dejar de presentar críticas contundentes a la sociedad presente.

Te invitamos a leerlo.

LIC. ADRIANO DE LA CRUZ

DESARROLLO SOCIAL Y PERSONAL DEL INDIVIDUO

Dado que el desarrollo de los pueblos se mide por sus estructuras físicas, el desarrollo económico y el avance tecnológico de la sociedad; para lo cual hay un protagonista que es el hombre, quien ha sabido armar ese rompecabezas, ya que sin la inteligencia del hombre esos logros no habrían sido posibles.

Siendo el hombre el elemento más importante en el desarrollo y conformación de los pueblos, debemos prestarle la mayor atención; pero vamos a individualizarlo, y a ver en él, los elementos que lo hacen funcional para determinada sociedad. El hombre es un compuesto de tejidos cárnicos y nerviosos; sostenido por un armazón de huesos, manejado por una masa blanda y grisácea llamada cerebro, el cual es nutrido con informaciones para la sobrevivencia y desarrollo de lo que nos define como seres humanos por cinco canales que son los llamados sentidos, siendo estos: olfato, gusto, vista, tacto y la audición.

Esos cinco sentidos son los responsables de nuestro crecimiento en la sociedad; por lo tanto, debemos darle suma importancia a la utilización de estos medios de conocimiento, pues las informaciones que estos transmitan al cerebro es lo que va a hacer posible que nuestro cuerpo, obedeciendo los mandatos de nuestro patrón que es el cerebro, actúe de una manera u otra.

Aquí se presenta una disyuntiva, ¿de qué manera debe actuar el cerebro? ¿Qué es lo que realmente queremos en la vida? Una opinión muy personal, es que el 90% de la población, y principalmente aquellos que no tienen acceso a los grandes medios económicos, deben la razón de su vida a la búsqueda insaciable de la felicidad y la armonización de su cuerpo al medio ambiente y a la sociedad que lo dirige, dando como resultado el sendero de la agitación constante para la sobrevivencia nuestra.

Vamos a establecer que la felicidad y la armonización corporal son sinónimos y tomemos la decisión de olvidarnos del medio ambiente, ¡es imposible! Porque nuestros organismos no están aptos para resistir las altas y bajas temperaturas y, por lo tanto, debemos buscar los elementos complementarios para cobijarnos, para adaptarnos al medio y poder sobrevivir.

¿Y qué de la sociedad? Sin la sociedad no podemos crear los elementos armonizadores para protegernos del medio ambiente y mucho menos perpetuar nuestra especie. Así es como tenemos que hacer que nuestro cerebro trabaje para la felicidad nuestra; pero ayudándole para que nos sirva mejor, para nuestro propósito: lo primero que tenemos que hacer es armonizar nuestros sentidos para que estos puedan transmitir un mensaje coherente al cerebro y, de esta manera, este pueda ordenar un funcionamiento eficaz en nuestro cuerpo.

Hemos aprendido que cuando uno de los sentidos no funciona bien, el cerebro se confunde y puede dar órdenes erradas y hacernos actuar mal o en forma incoherente con la sociedad; o mejor dicho con el principio de la sobrevivencia humana, ya que, si nuestro tacto no le indica al cerebro la cantidad de calor que está desprendiendo la hoguera, podemos morir carbonizados; lo mismo que si la vista no nos indica la presencia del precipicio, podríamos morir al caernos.

Entonces sí sabemos que nuestros sentidos son los canales para adquirir los conocimientos, ¿Les damos el uso apropiado y en su orden de prioridad? Creo que no, ya que, en orden de prioridad, para los fines que nos interesa, la vista es el sentido de mayor importancia en nuestra vida y como medio de conocimiento, ya que el 80% de los conocimientos los adquirimos a través de nuestros ojos; y he de decirles con pena, que la vista es el sentido al que menos atención se le presta, o se le complace, principalmente en los países del Tercer Mundo. Casi puedo afirmar que la mayoría de la gente del Tercer Mundo vive para complacer dos sentidos, el del gusto y el auditivo; los cuales se complacen de la peor manera, ya que con su complacencia afectan los otros sentidos, dando como resultado la destrucción de la vida.

En muchos países del Tercer Mundo la gordura es una tipificación de bienestar social y económico y en la juventud mientras más estruendosa es la música que escucha, más actualizada cree que está en la modernización tecnológica.

Estamos confundidos, nos hemos perdido en el vacío, hemos hecho un depósito de basura de nuestro cuerpo que, debería ser como un templo sagrado, para un solo postor, donde ni siquiera sus pisadas deben sentirse, donde deben ampararse la felicidad, el amor y la prosperidad. Yo creo que es tiempo ya de que reflexionemos sobre nuestro futuro, como ente humano y parte de la sociedad que se goza en recibirnos o en rechazarnos por la capacidad del manejo de nuestros sentidos; ya que debemos manipularlos como el teclado de un piano, que si se presiona una tecla más de lo que es debido, desarmoniza la pieza musical y, para estar en armonía con la sociedad que se avecina, hay que manejarse con una nutrición adecuada, donde no se exceda el consumo del alimento que ha de compartirse con los demás. Que no invadamos el territorio ajeno con la música estruendosa, que nuestra visión esté aguda, como la de un águila para estar acorde con los avances tecno-visuales.

La opinión de los nutricionistas es que una nutrición apropiada ayuda a equilibrar los sentidos y el cerebro puede tener una organización de información más adecuada para dirigirnos mejor en la vida.

Entiéndase que el manejo de una buena nutrición conlleva la abstención absoluta de ingerir alcohol, fumar cigarrillos y cualquier tipo de droga; elementos estos que han sido tan dañinos para nuestra sociedad.

CREEMOS NUESTRO FUTURO

Una de las razones por las cuales hemos escrito este libro es para estimular la búsqueda de un futuro mejor, y así podamos disfrutar de una mejor vida, a través de la mejor utilización del esfuerzo, para lo cual debemos empezar ahora para que podamos recoger mañana los frutos del progreso.

Hay una cantidad de personas que van dejando de hacer las cosas que pueden realizar ahora con miras al futuro para el futuro, teniendo como resultado la presencia de la senilidad donde solo los espera la morada final o la tumba fría, y ahí yacerán hasta la venida del Señor. La venida del Señor, que es la esperanza de todos los desventurados, que muchas veces dejan a la suerte o a la promesa religiosa, el futuro de la vida y viven un presente desgraciado, convirtiendo su propia vida en un calvario.

La holgazanería en nosotros hace de nuestras vidas una mancha en el mundo donde habitamos, no permitiendo esa condición, que podamos explorar nuevos mundos, centrándonos en un círculo, que con el pasar del tiempo, se convertirá en una fuerza centrífuga para al final entregarnos convertidos en una masa de pieza ósea cubierta de grasas y arrugas, producto de los malos hábitos alimenticios y el manejo inapropiado de esa energía acumulada.

La pereza es una de las condenas a que estamos expuestos, sino la empezamos a combatir a tiempo todos tendremos la destrucción de tan devastador mal, el instrumento que debemos utilizar para abolirla se llama la voluntad, la cual germina y crece en nuestro cerebro y puede ser tan fuerte, como nosotros, si así lo creemos.

Luchemos contra ese enemigo natural que nos hace pequeños y nos destruye.

Seamos conductores de esa energía que nos hace diferente de las piedras y de los cuerpos inanimados, transmitiendo a otros la fuerza de voluntad que todos poseemos y que pocas veces usamos. Hagamos de nuestra vida una muralla de fuerzas para impedir que esos males nos penetren ¡vamos a ser positivos! Canalicemos la sabia del progreso, para que así otros se puedan nutrir de tan importante manjar, que es el trabajo productivo.

PROTEJAMOS NUESTRO ESFUERZO

A medida que los medios de comunicación se han desarrollado, nos hemos ido haciendo más dependientes de ellos, hasta el punto de permitir que manejen nuestras vidas en un alto grado.

Los medios de comunicación han sido usados con el propósito de inducirnos al consumo de un determinado producto, que va desde la comida que ingerimos, hasta el político que ha de dirigir el destino de nuestras vidas. Naturalmente, eso no es lo que nos dicen los conductores de los medios de comunicación, que usan como excusa que el propósito es informarnos, razón esta que le ha permitido penetrar por la puerta de nuestra vida.

Otro factor que tiene una influencia fuerte sobre la forma de gastar el dinero, es la que ejerce la gente que trata de ofrecer todo tipo de oportunidades, que es como nosotros lo vemos, cada vez que alguien se acerca a nosotros ofreciéndonos la ganga del año, muchas veces sin nosotros necesitarla, nos precipitamos a adquirir el artículo, el cual casi siempre termina en una esquina de nuestra casa, para con el tiempo, verlo destruirse hasta hacerlo útil para la basura; muchas veces llevamos todo los tipos de comidas que compramos en los lugares de expendio, para verla descomponerse en nuestro refrigerador, o en el closet de comida.

Yo sugiero que revisemos ese impulso de comprar lo que no necesitamos, que no nos dejemos impresionar por ese vendedor, que nos persuade y disuade con su experiencia de gran motivador, y nos lleva al campo de batalla, donde solo habrá un ganador, que será él; y ustedes saben que muchas veces después de habernos desangrado con su mortal espada del convencimiento, de algo que no era de nuestra prioridad, nos sonreímos, y creo que es cuando ese luchador realmente se siente vencedor, porque nos ha vencido con honor, porque le hemos dado la aprobación para nuestra muerte.

No permitamos que nadie juegue con el producto de nuestro esfuerzo, que nos guíen a caminos que nos van a hacer la vida más difícil.

LOS OBSTÁCULOS EN NUESTRAS VIDAS

¿Quiénes creen ustedes que removerán los obstáculos de nuestra vida? Nadie, si nosotros mismos no lo hacemos, ya que muchos de los obstáculos que encontramos en nuestras vidas nos los creamos y viven con nosotros, encarcelados en una vida de frustraciones.

Recuerdo que, cuando hacía mi carrera de Derecho había dos señores, compañeros de estudio, uno que tenía noventa años y el otro ochenta y cuatro, al más joven de los dos a veces lo acompañaba hasta la casa y en una ocasión le pregunté ¿Por qué no había iniciado los estudios antes? Él me contestó:

Que siempre lo había querido hacer, pero que la vida le había puesto muchas dificultades. Cuando ya terminaba la carrera me confesó que las dificultades las tenía él en la cabeza y que nunca tuvo tales dificultades.

Quiero traer una frase de un próspero comerciante amigo, que dice: "No hay cosas imposibles, sino hombres incapaces". Él ha acuñado esta frase porque dice que ha logrado todo lo que se ha propuesto, gracias a que vence los obstáculos que encuentra.

Tomemos como ejemplo lo que ha sido un hombre tenaz y capaz como lo es Nelson Mándela que, de presidiario, por más de veinte años, llegó a ocupar la presidencia de su país. ¿Saben por qué? Porque sus objetivos él los había fijado en su mente y no permitió que ni los barrotes de la prisión ni sus carceleros le hicieran cambiar el rumbo de su mente.

Platón en su obra acerca del filósofo griego Sócrates narra: En una ocasión en que Sócrates tuvo que alistarse al ejército para ir a la guerra, mientras que todos los otros soldados iban bien protegidos para la inclemencia de un duro invierno, él apenas llevaba una batola blanca, y cuando le preguntaron que si no le daba frío, contestó: "El frío está en la mente de los débiles".

Hay un cantautor argentino que narra: "En una ocasión estando en México vi una niña en pleno invierno, caminando descalza en las calles y le pregunté si no tenía frío y ella respondió: "Porque he de sentir frío, si no tengo nada que ponerme".

Recordemos a Napoleón Bonaparte, cuando regresaba de Rusia con sus soldados después de haber sido abatidos por un duro invierno y por los soldados rusos; desprovisto de ropas, zapatos y muchos de ellos enfermos y aun así sobrevivieron.

Hechos de actualidad como el de los balseros cubanos que en frágiles embarcaciones y con pocos alimentos se lanzan al mar en busca de mejor vida hacia el Continente Americano, y aun con todas las adversidades que la vida puede presentarles, sobreviven; al igual podemos decir de los dominicanos que en busca de la misma suerte hacen causa común al cruzar el canal de la mona hacia Puerto Rico.

Por eso yo digo que las dificultades y los obstáculos están en nuestra mente, que si nosotros utilizáramos nuestra capacidad mental a su máximo grado el mundo sería de todos y no de unos cuantos.

Si Helen Keller después de ser ciega, sorda y muda se hubiese postrado en una cama, hoy no hubiera sido digna de mencionar. porque esta mujer con todos esos impedimentos fue capaz de inspirar a muchos seres humanos para la superación.

Si el gran músico Beethoven, que quedó sordo a temprana edad, hubiese usado su sordera como un obstáculo para desarrollar su música, no estuviésemos hoy disfrutando del valioso legado musical que le dejó a la humanidad.

De usted va a depender la remoción de esos obstáculos que lo detienen para llegar a la cúspide del progreso y el desarrollo personal.

NO NOS HAGAMOS ENEMIGOS DE NOSOTROS MISMOS

El título de este tema puede parecerle algo ilógico, pero no es así, porque muchas veces somos nosotros mismos lo que cavamos la tumba, donde hacemos reposar nuestras vidas, ya sea por gusto propio o porque le permitamos a otros que nos lleven por el camino de las desdichas por donde ha transitado su vida. No permita que esto suceda en su vida, ya que este es el don más apreciado que puede tener un ser viviente. Razón esta que me hace diferir de Ruben Dario gran poeta latinoamericano que decía:

"cuando la vida es un martirio, el suicidio es un deber".

No permitamos nunca que nuestra vida se convierta en un martirio, por grandes que puedan parecernos los problemas. Pero si por alguna razón sucediese tal fatalidad, busquémosle la salida, ya que siempre debe de haber alguna, aun estemos en lo más profundo y oscuro de la fosa; dejemos que nuestro pensamiento nos conduzca a la cúspide de la montaña, donde haya luz y calor, para que nuestra vida pueda resplandecer, y nos llene del gozo divino, del que disfrutan los fieles creyentes, cuando su pensamiento es habitado por la presencia celestial del Ser Divino.

Tratemos de no ser el zafacón de los problemas de los otros, puesto que los problemas de cada uno son suficientes para luchar contra ellos. Hagamos de nuestra vida un recipiente de amor y felicidad y no una hoguera de calamidades y martirios. Ustedes saben cuántos padres hay infelices por culpa de esos hijos que nunca quisieron escuchar los consejos de sus progenitores; pero cuando tienen el problema, al primer lugar donde acuden es a la casa de sus padres a llevarle la pena y el dolor por el que están pasando, haciendo de ellos un baúl de lamentos y reproches.

Aprendamos a vivir y a ser responsables de nuestras vidas, logremos que las cosas que hagamos, que en cada poco que demos, se encienda una luz que permita mostrar nuestra felicidad y el regocijo de nuestros hechos.

Guiemos, en lo posible, por el mejor de los senderos, a nuestros amigos y permitamos que ellos nos guíen hasta que veamos que nos quieren conducir por el camino equivocado, no cerremos los ojos cuando nos están llevando de las manos hasta que no estemos seguros de estar caminando en tierra firme. No dejemos que la nube de nuestro amigo nos opaque el camino, mantengamos como luz de nuestra propia fuente; todos poseemos esa fuente de luz que nos da sabiduría, que es la que nos conduce a todos los caminos. Claro está que si aunamos todas las fuentes de luz tendremos una luz resplandeciente, que podría ser capaz de alumbrar todo el planeta Tierra y de ser posible más allá porque gracias a esa fuente de luz y sabiduría el hombre ha podido llegar a la Luna, e inclusive sondear los planetas del sistema solar.

Hagamos la paz con nosotros mismos, echémosle combustible a la fuente del conocimiento, ya que de ahí va a depender nuestra felicidad, porque en la medida en que podemos entender mejor el medio que nos rodea, así mismo nos acercamos al vértice de la felicidad. que es la razón de nuestra existencia.

Separémonos de la ignorancia, para convivir con el conocimiento y la sapiencia, que son la virtud divina para el hombre, y la luz eterna de la vida.

¿POR QUÉ COBIJARNOS EN MENTIRAS?

La mayoría de los habitantes del Tercer mundo, necesitan de un techo protector que ha de cubrirle en sus desgracias; entiéndase el producto de una acción incorrecta, cuando no se ha podido ser previsorio, entonces acudimos, como consuelo, a la desgracia mayor que haya tenido uno de los nuestros, o "la salvación" gracias a la presencia de ese "omnipotente" representante de una secta religiosa, que dice salvar nuestros pecados y liberarnos de todo mal.

Cuando escribía este capítulo me encontraba en la ciudad de New York y estaba viendo uno de los canales hispanos que transmiten allí, y ahí en una presentación, veía como idolatraban a una artista latina, que por su forma de vestir y hablar, estaba cargando con toda la desgracia de los países del Tercer Mundo. Era notorio, cómo tanta gente se identificaba con su aspecto desaliñado, su vocabulario grosero y sus gestos vulgares. Aquí no había una apreciación artística, era una justificación del mal comportamiento de muchos de los inmigrantes que viven en los Estados Unidos.

No era para extrañarse oír a un pariente decir que el comportamiento de sus hijas, comparadas con esa artista, era el de la Madre Teresa de Calcuta, por lo que no había ninguna razón para reprochar la mala conducta de esa hija.

Esa escena me hizo recordar el día que sorprendí a mi padre enviando un cheque certificado por la suma de US$20.00 a una iglesia norteamericana, cuando el residía en la ciudad de New York; le pregunté por qué enviaba ese dinero a lo que él me contestó que solo obedecía un mandato de Dios, que a través de un pastor le había enviado unos granos de trigo los cuales habían sido bendecidos en su nombre para el mejoramiento de su situación económica y familiar, y que estos debían ser esparcido por los aires a una determinada hora de la noche para que de esta manera mi padre y la familia recibiera la bendición de su Dios; pero, para obtener un buen resultado, este tenía que enviar una donación previamente.

¡Ah! No puedo olvidar el día que le llevé uno de esos pantalones duros que se usan en la actualidad a mi hijo de 6 años, la cara de tristeza que puso cuando vio que no eran los que se anunciaban en la televisión y en otros medios de comunicación.

Me hubiese gustado que fuese mi familia la que estuviese equivocada y no todos los pueblos del Tercer Mundo que piensan y actúan a merced de los mandatos comerciales de los medios de comunicación.

Ustedes que leen estas páginas hagan que el techo de su familia sean la sabiduría, la moral y el amor al prójimo, para que vean llenar su vida de prosperidad. No permitan que los conviertan en manada de seguidores ciegos, que solo los están conduciendo a la guillotina moral y social, dejándolos acéfalos. Busquemos la verdad en la razón. equilibremos nuestras vidas en la balanza de la justicia, hagamos la luz de la verdad nuestro norte, esparzamos la semilla del conocimiento y la sabiduría en todos los rincones de la tierra.

NO VIVAMOS CON EL PASADO

Muchos países del Tercer Mundo tienen un pasado maravilloso con una historia fascinante y una estructura arqueológica majestuosa.

En investigaciones arqueológicas hechas en muchos países del Tercer Mundo se han descubierto los vestigios de lo que fuera un imperio de poder tecnológico, económico y de fuerza política, que de una forma irónica convive con nuestro pueblo, que envuelto en la ignorancia y en la pobreza, camina sobre majestuosas ruinas, muchas veces con los pies descalzos, por no tener la forma de cubrirse; pero sí, con la cabeza inflada por ese complejo imperial de sus ancestros, el cual tiene muchas veces, una fuerza hegemónica entre todos los pueblos.

Vamos a dar un paseo histórico por algunos de esos países que conservan aún vestigios de lo que fueron hace miles de años; como Egipto con sus grandes pirámides y sus monumentos inigualables; Grecia que en una ocasión fue la otrora cuna de la cultura del mundo, donde se germinaron las grandes ideas de lo que sería el desarrollo futuro del mundo y se levantaron grandes templos de una arquitectura que aún hoy son obras dignas de admiración y difíciles de imitar. Vayámonos ahora al Continente Americano donde países como México, Perú, Bolivia, entre otros exhiben los hitos históricos de mayor importancia en América por su arquitectura física, que aún hoy son una incógnita para los hombres de ciencia, que no logran entender como tal desarrollo en época tan remota, la cual hace contraste con la generalidad actual de esos países; como son las pirámides de México y el Perú; los monumentos, estatuas y construcciones palaciegas; los arqueólogos han descubierto algunas en los últimos años y muchas que han estado ahí a la vista del pueblo para recordarle la grandeza imperial de sus antepasados.

Los hombres de ciencia se preguntan qué pasó en un país como Bolivia, que 400 años antes de que Cristóbal Colón llegara a América era un imperio, con un desarrollo tecnológico sorprendente; verdad esta que ha quedado desvelada por estudios hechos por arqueólogos de varias Universidades de gran reputación, que han descubierto momias, estatuas, monumentos y otras construcciones con niveles técnicos que aún hoy día sorprende la más avanzada de la tecnología moderna. Bolivia fue un país de un desarrollo agrícola que hoy en día los bolivianos no pueden alcanzar tal tecnología, los antiguos canales de riego y la forma de abonar los cultivos están siendo estudiados por muchos científicos para mejorar la tecnología agrícola en ese y otros países.

Vamos a retrotraernos para señalar la llegada de Cristóbal Colón a este Continente, dándole la oportunidad de ser sus nativos, los primeros en recibir las señales de desarrollo del viejo continente a través del establecimiento de las primeras universidades de América, las primeras industrias y una serie de instituciones propias de los países civilizados. La primacía en esos hechos no han sido de mucha ventaja para nuestros pueblos, ya que esas instituciones solo han servido para ser escudos de los políticos para que cada año la presenten al pueblo, como una conquista de los países del Tercer Mundo; mientras más años pasan, mayor importancia tiene dicho acontecimiento histórico, porque de esta manera le venden al mundo la importancia de tal legado, hay que ver un 12 de octubre de cualquier año cómo los funcionarios políticos de los países latinoamericanos sacan a relucir sus mejores galas; el 28 de octubre o un 4 de agosto, el aniversario de la Universidad más vieja de América Latina o la celebración del ayuntamiento o la catedral de uno de los países latinos donde los políticos han utilizado esas instituciones como símbolos patrios, sin importar el desarrollo y funcionamiento de estas.

Si los países del Tercer Mundo le hubiesen dado continuidad a ese desarrollo técnico y arquitectónico que nuestros antepasados nos dejaron. la suerte de estos países seria otra; debieron haber abrazado el marco científico y cultural que esas generaciones pasadas nos brindaron y no dejar un patrimonio de tal importancia para el deleite de los pobladores de los países del Primer Mundo.

Por lo tanto, me gustaría sugerir que tratemos de hacer nuestra vida con el presente, que rompamos los eslabones que nos unen con ese pasado, que muchos lo han tergiversado para provecho propio; a tal punto de llevarnos desde una primera posición a una última posición. Creo que aún estamos a tiempo para reconquistar esa primera posición, que como seres humanos nos da el derecho, aunque sea a soñar; pero luchando, aferrándonos a los conocimientos y al trabajo incansable, que es lo que nos puede guiar a la victoria.

Hagamos que esos monumentos antiquísimos sean la sombra de nuestro desarrollo y no lo contrario; ya que nos hemos convertido en la sombra de ellos.

Hagamos que los principios científicos de nuestros antepasados sean la zapata donde nosotros construyamos la torre del saber y la razón.

Hagamos que la cultura de nuestros ancestros sea una luz en una barra flexiforme para que obtengamos la claridad en los rincones más apartados.

Hagamos que las instituciones eclesiásticas sean centros de recreación de nuestro espíritu donde nuestros cuerpos físicos se hermanen sin diferencia de raza o color.

Hagamos del mundo un hogar para todos, lleno de progreso y felicidad.

NO LE HAGAMOS LA GUERRA A NUESTRA PROPIA GENTE

El emperador romano Augusto en una ocasión, después de que su ejército había tenido la victoria sobre su oponente, el general jefe del ejército, le dijo: "Debería estar contento celebrando la victoria con nosotros", a lo que el emperador romano le respondió: "A veces una batalla ganada en una guerra civil es más dolorosa que una batalla perdida. porque son los cuerpos de tu propia gente los que tienes que recoger".

La Biblia dice que todos los hombres nacidos en la tierra somos hermanos, porque todos somos hijos de Dios. Si tomáramos este principio bíblico, aunque fuese con la gente de nuestro propio pueblo o nuestro vecindario, tratándolos como hermanos, brindándole ayuda al necesitado, otra sociedad tendríamos.

En los años que he vivido en la ciudad de New York, donde una cantidad de inmigrantes de todo el mundo convergen con un propósito común, que es la búsqueda de mejor porvenir. Vemos el antagonismo entre su propia raza, con el dardo envenenado de la calumnia, la injuria, el robo y hasta el asesinato, prevalece sobre la armonía, la hermandad, la cooperación, la bondad y la justicia. Es penoso tener que admitir que esas características negativas son más marcadas en la comunidad latina, que aunque es una comunidad muy laboriosa, no ha logrado unificar sus criterios para un fin común; razón esta que nos ha privado del progreso y el desarrollo, como otras comunidades de inmigrantes, que sí han logrado muchos objetivos, solo por tener una comunidad unificada.

Debo citar una expresión muy propia de nuestra sociedad que dice: "De tal palo tal astilla", la cual se adapta perfectamente a nosotros los latinoamericanos, con respecto a nuestro comportamiento con nuestros paisanos.

Los países latinoamericanos no son el mejor ejemplo de unión y cooperación entre sí, ya que la historia y el presente nos muestran una acción antagónica entre nuestras naciones, dando como resultado guerras que solo producen muertes violentas con una pobreza impactante entre sus pobladores y un futuro incierto; solo la buena voluntad y la unión de nuestra gente hará posible un futuro promisorio.

Es lamentable que Latinoamérica con un idioma común en más de un ochenta por ciento, con un clima envidiable y una riqueza natural incomparable; no haya podido crear un bloque de países latinoamericanos, como otros países lo han hecho, con condiciones muy adversas entre sí, por tener diferentes idiomas, creencias religiosas opuestas y orígenes étnicos diferentes.

Si observamos la conducta y el manejo de las relaciones de los países desarrollados o los llamados Primer Mundo, vemos como estos se unen y se protegen entre sí; como es el caso del grupo de países europeos que se han unido para formar el grupo de naciones más poderosas del mundo "La comunidad Europea", unión creada con el fin de lograr una interpelación comercial, con una moneda común, al igual que las fronteras. La unión de esos países ha inspirado a muchas otras naciones desarrolladas, las cuales han ido trillando el mismo camino como es la unión de los países en Asia, denominado "Los Tigres Asiáticos". Otros que se están uniendo, aunque solamente en el plano comercial son los países de Norteamérica con el Tratado del Libre Comercio (TLC), entre Canadá, Estados Unidos y México.

Mientras los países del Primer Mundo se están conformando en bloques para defender el bien común de sus gentes los países del Tercer Mundo solamente hacen los amagos para unirse sin llegar a lograrlo por la confrontación interna de su gente. Los países suramericanos. centroamericanos y del Caribe deberían ser las uniones de países más poderosas del mundo, porque tienen tantas características comunes entre sí y poseen la mayor cantidad de recursos naturales pero estos países en vez de compartir su suerte lo que ha hecho ha sido dividirlos convirtiendo sus bondades en frustraciones, amarguras y pobrezas para su propia gente.

Los habitantes del Tercer Mundo deben cambiar esa forma de pensar y de actuar y arribar esfuerzos para hacer una causa común entre nuestros países, constituyéndonos en una fuerza de poder para beneficio de todos nuestros habitantes; pero para eso tienen los individuos que componen esta nación que pensar positivamente, tener fe en nuestras gentes y confianza en las acciones de nuestro gobierno, para lo cual deben elegir un gobernante que haga causa común con el sentir de su pueblo, ese sentir de esperanza y bienaventuranza para los pueblos latinoamericanos y para el mundo entero.

El día en que los países del Tercer Mundo enarbolen una bandera común, que no quiere decir una igualdad en los colores, sino una bandera de hegemonía en el pensamiento y la visión de cada uno de los ciudadanos para hacer de la sociedad tercermundista una comunidad igualitaria, con un fin común, que es el progreso y desarrollo de todos. Ese día el espíritu de Bolívar se paseará al trote de sus llaneros tronando cantos de soberanía y de progreso.

HAGÁMONOS GRANDE

Los japoneses dicen que el hombre está más limitado por sus puntos de vista que por las herramientas de que dispone. Ese es un concepto en el que yo estoy de acuerdo y precisamente de eso se trata este libro; de tratar de señalar que existen todos los medios para que usted disfrute de todas las cosas existentes en este mundo, lo que tenemos es que ampliar el punto de visión de nuestro cerebro, ya que es allí donde se cultivan las mejores ideas y proyecciones; entonces no se detenga, no encarcele su pensamiento a ese medio de temor y oscuridad y no permita que le creen fronteras y abismos en su vida. Rompa ese muro de limitación que usted se ha puesto o ha permitido que le pongan, porque usted se ha dicho yo no soy tan inteligente como X, o eso no está hecho para mí, si yo fuera blanco o si yo fuera hijo de Don... No señor, usted tiene que revelarse contra todos esos prejuicios heredados de nuestros ancestros, porque alguien que tenía una visión amplia de lo que era el poder en la vida, se lo impuso.

Luchemos contra todos estos que de una manera sutil o arbitraria nos guían hacia esas cárceles, que nos convierten en zombi de la sociedad y que nos hacen sombra de sus pensamientos. Seamos nosotros haces de luces para nuestra vida y para otros, en vez de sombra; dirijámonos hacia el infinito, donde nuestra luz brille más.

Acuñemos en nuestro diario vivir esa frase que el filósofo José Ingenieros en su obra “El hombre mediocre”, dice: "Cuando pongas la proa en una estrella visionaria no te detengas hasta que no la hayas alcanzado"; lo que quiere decir que los objetivos en la vida muchas veces se ven distantes; pero no por eso debemos desvanecer nuestro espíritu de lucha, ya que si estos se desvanecen así mismo morirán nuestros sueños.

Recuerdo que cuando yo era pequeño, y que vivía en una comunidad rural muy pobre, cerca de la ciudad capital, un día en que colectaba leña para la cocina, junto a un amiguito; nosotros comentábamos sobre el futuro, con pies descalzos y con muy poca vestimenta, pensar que podríamos alcanzar mejor vida era desear una quimera, pero creo que ahí fue donde yo puse mi proa hacia una estrella visionaria, que aún no he alcanzado; pero me siento ir en su dirección; y es así, porque cuando me dirigía desde Santo Domingo a una isla ubicada en el Océano Pacífico, perteneciente a los Estados Unidos, llamada Hawái, donde decidí empezar a escribir este libro. Cuando ya estaba a una altura de treinta y tres mil pies, que era a la que volaba el avión, me dije: "Creo que estoy acercándome a mi estrella". No sé si tal vez nunca llegue a ella; pero mis pensamientos, mi fe y mi corazón están puestos en esa estrella y tengo esperanza de que con la unión de esos tres elementos haré realidad mi sueño.

En la vida del ser humano hay una serie de elementos que se conjugan para enarbolar la presencia del hombre y llevarlo a la cúspide de la felicidad, que es la persecución de todo ser viviente, que aunque utiliza diferentes vías, siempre el objetivo va a ser el mismo, pero nunca debe faltar la voluntad que es la chispa que enciende los motores a la cual hay que agregarle la tenacidad, que es el combustible que nos empuja a derribar los obstáculos, y naturalmente la imaginación que es la que nos da luz en el camino.

Cuando Miguel Cervantes y Saavedra (El Manco de Lepanto) escribió su obra "Don

Quijote de la Mancha" nunca pensó que su obra trascendería al punto en que la humanidad la ha situado, considerándola como la obra madre de todos los que hablan español.

Qué decir de ese pintor europeo que tronchó su vida a muy corta edad, que vivió pobre y errante por esos pueblos del viejo continente, sin que nadie se detuviera a prestarle la mínima atención a unas de sus obras, y hoy en día sus pinturas son unas de las más cotizadas en el mundo, ese hombre fue Vincent van Gogh. También que decir de ese niño travieso y desaliñado, que nació en la isla de Córcega, Italia y que más luego se convirtió en el emperador de Francia, con el dominio de una gran parte del mundo, Napoleón Bonaparte.

En la actualidad tenemos el Napoleón negro encarnizado en la figura del general estadounidense Colín Powell, hijo de emigrante de piel oscura y que llegó a ostentar el rango más alto de las fuerzas armadas norteamericanas, el ejército más poderoso del mundo; y hasta llegó a disputarse la candidatura presidencial.

¿Saben ustedes qué hizo que estos hombres alcanzaran esa transcendencia histórica? El espíritu de superación, el deseo de mejorar su clase social y el haberlo intentado. No permitamos que nuestras vidas pasen por este mundo como un perfume fugaz que se pierde en el tiempo.

Séneca decía: "No hay cosa más triste que llegar a la vejez y solo poder mostrar las arrugas y las debilidades físicas, como muestra de los años vividos". Vamos a mostrarle al mundo lo mejor de lo que pudimos hacer por todos y empuñemos la frase de ese político norteamericano que dijo en una ocasión en que se dirigía a su pueblo: "No preguntes al país qué puede hacer por ti, sino qué puedo yo hacer por mi país". Hagamos nosotros por nuestro mundo, que será por nosotros mismos; permite que tu mente creadora haga cosas positivas por ti y para los tuyos haz que en el jardín de tu vida siempre haya un sol con tus pensamientos claros y precisos.

EL TRABAJO, SECRETO DEL ÉXITO

Querido lector, en este libro yo quisiera que usted aprendiera y que sepa que la vida es un sueño, pero que con un pensamiento tenaz, que sin la mediocridad de los hombres y con el cuidado de que no les roben sus sueños, se hará el milagro más grande del mundo, que es ser felices sin preocupaciones, ni años de soledad.

Debo confesar que después de haber escrito, por lo menos un cincuenta por ciento de este libro, quise olvidarme de él; pero recordé aquel acontecimiento histórico en que el guerrero Carlo Magno, después de desembarcar con sus militares en una de las naciones conquistadas por él; encendió las naves que le devolverían de regreso a su tierra natal; a lo que al momento le señalaba a sus soldados, diciéndoles: Esas son las naves de regreso, lo que quiere decir que en esas no vamos a regresar, así es que tendremos que conquistar las del enemigo para poder regresar.

Cuantas veces hemos iniciado un proyecto y ya cuando estamos llegando a su fin, lo olvidamos o hemos empezado a leer un libro sin llegarlo a concluir; así muchas veces termina la vida de muchos seres humanos, donde solo hacía falta un poco de motorización en ese cuerpo, para haber dejado una huella en la humanidad. Jean Paul Sartre en su obra "El Existencialismo", dice que el Inundo del ser humano se crea en el cerebro y que todas las cosas que uno quiera lograr en la vida debe fijarla primero en las neuronas del cerebro, ya que es este el que domina todas las voluntades personales.

El éxito del hombre va a estar sujeto a una condición básica, que es la capacidad de trabajo que tenga el individuo.

El trabajo en el hombre siempre va a ser reivindicado, proporcionándole éxito; por lo tanto el futuro de mejor vida en la humanidad, va a depender de la voluntad que tenga el ser humano para el trabajo.

Un ingeniero amigo, muy próspero en su carrera, me decía, que el trabajo siempre suma y nunca resta; y que gracias a ese principio ha sido su prosperidad, porque él le ha sumado a la vida con el trabajo.

VALOREMOS LA ESENCIA DEL INDIVIDUO

Estando en los Estados Unidos al frente de un salón de belleza observé el peinado de una niña americana de la raza negra, me acerqué a la peluquera y le pregunté, qué tiempo llevaba haciendo dicho peinado, me contestó que cuatro horas y que aún le faltaban otras dos horas; eran unas trenzas al estilo africano, que se hacen tejiendo el pelo en diminutas trencitas. Yo me pregunté: Si ese tiempo que le dedica al embellecimiento de la cabeza en su parte exterior lo hicieran en el interior? ¡Qué maravilloso seria!

La sociedad parece estar equivocada en su rol de educación y sentido de la belleza, ya que son múltiples las vivencias que tengo con muchas familias que enfocan la belleza exterior como el elemento fundamental para el individuo.

Conozco de una familia que tiene tres niñas y todo lo que comenta esa madre de esas niñas son las cabelleras, para lo cual le dedica un gran tiempo, afectando así en la belleza natural de ellas porque le ha alterado hasta el color del pelo desconociendo que con eso están montando a esa niña en el tren de la fantasía, quitándole su belleza infantil y la naturalidad angelical que poseen todos los infantes.

Vemos con tanta preocupación como los hombres y mujeres cuidan del pelo, sin preocuparse de su interior; no porque esté en desacuerdo de la estética y el cuidado de la belleza; pero sí, porque creo que de la misma manera que nos preocupamos de esas partes exteriores del cuerpo, debemos hacerlo con nuestro cerebro, que es el padre de nuestros órganos y de nuestro cuerpo. Por lo que debemos hacer que todas las partes restantes de nuestro cuerpo le rindan pleitesía a este, para que como guía y mentor que es, pueda dirigir con éxito a sus subalternos, nuestros órganos.

Debemos educarnos y hacer uso racional del tiempo, ya que muchas veces lo desperdiciamos en busca de una belleza exterior, a todas luces pasajera; y una vez nos abandona, solo deja en nosotros el recuerdo de lo que fue, y la frustración de lo que somos en ese momento; si nos dedicamos a embellecer nuestro interior, mientras más pasa el tiempo, más interesantes nos volvemos y más útiles para la sociedad.

LA IDENTIDAD CULTURAL

La cultura en los países es como el esqueleto en nuestro cuerpo, el soporte de los principios que rigen nuestra sociedad, es la savia que alimenta los pueblos, es la espiga que mantiene erguido el espíritu de la gente. Los países que no tienen cultura son como las personas que no tienen partidas de nacimiento, que desde el punto jurídico es como si no existieran y por lo tanto no tienen derecho ante la sociedad.

Los países del Tercer Mundo se caracterizan por una pérdida rampante de su cultura, dándole lugar a otras culturas foráneas que no hacen más que confundir a los nacionales; teniendo como efecto, cambios negativos que repercuten en todos los sectores de la vida de estos.

La transculturización de los países del Tercer Mundo, ha tenido un efecto devastador en muchos aspectos de la vida de estas naciones, ya que se han cambiado los hábitos alimenticios, teniendo que ser exportados alimentos de otros países, dejando anquilosada la producción nativa, lo mismo sucede con la música, con la vestimenta, y muchos otros elementos que forman parte de la vida diaria del hombre.

Ahora para encontrar o descubrir los rasgos culturales de muchos de los países del Tercer Mundo es cosa de museos; porque los alimentos, la música y hasta los gestos son los que imperan en estos países; los cuales muchas veces son elaborados de la materia prima producida en los países subdesarrollados, que ironía de la vida, muchas veces la transformación de dicha materia es más negativa para la salud que en su estado natural. Ejemplos de esas materias primas que se producen en los países del Tercer Mundo son el cacao, el café, la caña de azúcar, el tabaco, y un sinnúmero más de productos que son exportados hacia dichos países con la finalidad de transformarlos, ya que muchas veces los países productores no tienen la tecnología para tal explotación.

A la gente del Tercer Mundo ya no le sabe bien el emparedado de carne de res sino el sándwich de McDonald; el pollo frito que producen la mayoría de los países subdesarrollados (y que es muy delicioso) ha sido sustituido por Kentucky Fried Chicken; ese café fresco y natural ha sido sustituido por el café descafeinado instantáneo producido en los países desarrollados: esos tabacos que en un tiempo fueron el orgullo de los pueblos caribeños hasta no hace mucho se han convertido en la vergüenza de los isleños, hasta que algunas figuras de renombre del Primer Mundo le estamparon su firma para volver a ganarse el sitial que hace un tiempo habían ocupado. Ya no se toman los jugos naturales de esas frutas deliciosas y primitivas, a menos de que no la muestren en uno de los medios de comunicación o que alguna figura creada por tales medios nos afirme que lo toma.

La cultura y los hábitos de los países del Tercer Mundo se han convertido en el patrón para los tercermundistas, que han dejado relegada toda una costumbre y una riqueza folklórica milenaria, para dar paso a improvisaciones de carácter comercial que se han engendrado en los países desarrollados, con la única finalidad de obtener el producto del esfuerzo de esta "pobre gente".

Los países desarrollados han sido muy cuidadosos en la preservación de su cultura, guardando sumo respeto a las costumbres ancestrales que ponen como paradigmas para las generaciones futuras, todo esto sin importar el desarrollo científico, intelectual y tecnológico del país. Ahí tenemos a Japón. uno de los países más desarrollados tecnológicamente y más ricos del mundo; país que ha pasado por una serie de cambios sociales, producto de las guerras y los embates climatológicos; pero su cultura se ha mantenido como un batallón al pie del cañón, sin permitir que le tergiversen sus hábitos y costumbres, ya que es un ente de tanta importancia en la vida de ellos, que aun cuando se trasladan a otros países llevan sus costumbres, sin importar qué tan fuerte sea la cultura de esa otra nación para mantenerse fieles y firmes a sus principios y costumbres.

Otro ejemplo digno de mencionar es el caso de los Israelíes, divididos entre sí por miles de años y millas, pero siempre leales a sus costumbres, a tal grado que son muchos los países que celebran sus festividades y siguen sus tradiciones, sencillamente;

porque esta gente sabe la importancia de mantener una cultura activa y presente en cada uno de los miembros de la familia israelí.

Europa, que ha ejercido su influencia casi todos los países del mundo, por su supremacía en los mares, ha sido un continente coherente con los principios y costumbres de su gente, razón por la que después de miles de años, sus pobladores permanecen unidos. De los Estados Unidos no hay que hablar, un país formado por 50 Estados; pero todos ellos regidos por un solo principio. una sola dirección y un objetivo común, lo que ha hecho que estos se manejen como un solo país y por eso es una de las naciones más poderosas del mundo, los Estados Unidos de América.

Alexis Tocqueville proclamó, en el año de 1848, el éxito de la sociedad norteamericana y señala que es la unidad de sus ciudadanos la base de su desarrollo social y futuro. Es sorprendente que 50 Estados se realicen en armonía y fraternidad sobre el credo de la unidad nacional, agrego yo.

El turismo de ha convertido en una fuente de recursos económicos para los países del Tercer Mundo, a tal grado, que algunos dependen de un 80% y a veces más, para su desarrollo y supervivencia como naciones. Aunque hay que señalar que el turismo en el Tercer Mundo fue una creación de los países desarrollados para tratar de compensarlos por la pérdida de sus recursos naturales y minerales, extraídos para llenar las necesidades de estos. Muchos países desarrollados indujeron a su gente a visitar los países del Tercer Mundo por los años 60, presentándoles como atractivos su belleza natural, su ecología y su cultura; elementos estos que fueron devastados o alterados por los nativos, por su ambición y afán de lucro, y los extranjeros por su desinterés en sus países.

Por eso muchos de los países desarrollados están acondicionando la visita de sus nacionales, advirtiéndoles a los países pobres que si no toman medidas en la preservación del medio ambiente y el manejo social de sus habitantes serán castigados con la abstinencia de la visita de sus ciudadanos. Estos fueron conceptos expuestos en la celebración de la Primera Bolsa Internacional de Turismo (ITB), celebrado en Berlín el año 1997.

Alemania que fue uno de los países promotores del turismo de los países del Primer Mundo a las naciones del Tercer Mundo; es uno de los países que más se lamenta de la descomposición social por el socavamiento de los países tercermundistas, ya que ellos entienden que sus pueblos están siendo afectados por la influencia de las malas costumbres de los pobladores de los países pobres.

Los países del Tercer Mundo deben entender, que la preocupación de los países desarrollados por el mejoramiento de las condiciones en estas naciones como son mejorar las vías de comunicación terrestres, mayor calidad de las aguas, la seguridad de la eficientización de la energía eléctrica, el respeto a la Ecología y al medio ambiente, no es más que con el objetivo de garantizarle una mayor protección a sus ciudadanos; aunque ellos dicen, y de hecho es así, que eso va a incidir en una mejor vida para los nativos de los países subdesarrollados.

Pienso que los países del Tercer Mundo deben revisar el comportamiento de su gente ante los visitantes, que estos deben tratar de mostrar la cara cierta de su realidad, que es lo que muchas veces desean ver los turistas; deben brindarle su cultura, que muchas veces es la razón principal para que un ciudadano extranjero nos visite. Por lo tanto los países del Tercer Mundo deben hacer un inventario de los productos que cosechan de sus fuentes naturales; para que de esta manera, en vez de ofrecerle un refresco embotellado a ese visitante, le ofrezca un coco de agua o una limonada, lo mismo sería con el ron o la Tequila en vez de una copa de brandy.

Los países del Tercer Mundo se han estado sepultando vivos con la extranjerización y la descomposición social de su gente.

Se debe permitir que la cultura florezca para que produzca frutos para el bien común v el de cada ciudadano en particular.

UN MENSAJE PERSONAL PARA TI

Cada uno de nosotros, es como un eslabón de una cadena en el mundo en que vivimos; y de nosotros depende la fortaleza de la cadena que ha de formarse, para que esta pueda llegar al fin para el que ha sido formada.

Nosotros como eslabones de la sociedad en que vivimos, tenemos la responsabilidad de mantener la integridad personal, para permitir que nuestro pueblo se desarrolle con la misma salud social y moral, con la que estamos revestidos y la que aspiramos para nuestro mundo.

Una pregunta que muchas veces nos hacemos en nuestra es, ¿qué puedo hacer para ser mejor? Permítanme darles tres respuestas que me dieron a mí: La primera, la dio el Ingeniero Ramón Andújar, un profesional muy exitoso en el campo de la construcción, cuando me dijo "Fernando el trabajo siempre te suma, nunca te resta"; lo que quiere decir, que debemos trabajar para poder agregar cosas positivas a nuestra vida.

La segunda respuesta, me la dio un próspero empresario, llamado Hugo Zapata, que dice haber tenido como norte para su desarrollo personal y empresarial, la expresión "No hay cosas imposibles, sino hombres incapaces"; lo que quiere decir que todo lo que nosotros queramos, lo podernos hacer, siempre y cuando no pongamos los obstáculos donde muchas veces no existen, y si existiesen apartemos esto de nuestro medio.

La tercera, fue la respuesta que le dio Jesucristo a sus apóstoles, cuando estos lo cuestionaron sobre cuál era el más importante de ellos o el mejor, a lo que el Maestro respondió: "Si alguno quiere ser el primero, que sea el último de todos y el servidor de todos": un mensaje muy claro este, porque indicaba que si le servían a los demás se estarían sirviendo a ellos mismos; entonces emulemos tal ejemplo, siguiendo las palabras del Maestro.

Vamos a poner esas tres frases en nuestro diario vivir, practicando cada una de ellas, y ustedes verán los resultados; le garantizo que no se van a arrepentir y de seguro que van a cultivar frutos, que le sorprenderán.

Recuerden, trabajar para sumar; vencer los obstáculos con la capacidad; y servir para que le sirvan. No esperen de la vida el todo por nada, debemos darlo todo para esperar algo.

Maneja tu conducta moral y social dentro del marco de tu conciencia, para que no sea esta quien te destruya. Recuerda cuando dijiste esa mentira, que todos te la creyeron, pero tu conciencia no la aceptaba como buena y válida; creándote muchas inquietudes. Sabían ustedes que estas inquietudes, que se crean en nuestra conciencia, son las que han dado origen a la nueva enfermedad, que la medicina moderna ha llamado “el estrés”.

Mi estimado lector, no importa a que denominación social de los mundos tu pertenezca, para utilizar estos principios, que pueden ser útiles para todo el mundo; no importando raza, color y credo político o religioso.

PAÍSES PEQUEÑOS CON ALMA GRANDE

Hay algunos pueblos que son dignos de imitar, aún con un tamaño territorial diminuto; pero formado por gente con espíritu imperial, de una colosal capacidad para soportar los embates de la vida, solo encontrados en Hércules o Sansón.

En el momento en que escribía este libro fui testigo de una catástrofe natural en una isleta en la región del Caribe, con una extensión de terreno de unos 102 km., esa isla es Monserrat, que ha sido atacade por la furia de un volcán, devastando parte de su territorio. Solo hay que ver la penuria y la muestra de dolor de esta gente, que ve desvanecer todos sus sueños, entre las rocas y la larva hirviente.

Debemos recordar que en el año 1989 la isla fue embestida por una esfinge del Faro de Alejandría. Hoy vemos con dolor como su gente tiene que separarse de esas cosas que con muchos esfuerzos habían construido; pero estoy seguro de que muy pronto los veremos levantarse como el ave fénix y mostrar su belleza más sublimizada.

Muchas son las islas de esa región que han tenido un pasado doloroso, por los efectos de la inclemencia de los fenómenos atmosféricos que han derribado los esfuerzos y los sueños de su gente, principalmente por huracanes. Entre las islas que han sido maltratadas por tales males se encuentran, Sta. Lucía, St. Vincent, y otras tantas de esa región caribeña.

Los países del Tercer Mundo y creo que todo el hemisferio, deberían e aprender a comportarse con tal u valentía e hidalguía como lo han hecho los pobladores de estas islas, que desprotegidas, injuriadas por las furias naturales de los vientos huracanados y las inclemencias de esos soles que queman el germen de los futuros frutos que han de sostenerle en su alimentación por lo que muchas veces se ven privados aún de su propio sustento, esto es sin agregarle el problema del agua que parece ser que el creador divino quiso probarle su valentía, y para hacer más heroica su existencia, le privó de fuentes de aguas dulces, ya que muchas de estas islas tienen que utilizar el agua del mar después de someterlas a un proceso muy sofisticado para desalinizarla; pero aun así esta gente se sobrepone a todas estas adversidades, venciendo el mínimo obstáculo.

COSTUMBRES TERCERMUNDISTAS

Las costumbres y normas de un pueblo siempre han sido respetadas por otras naciones. Y debemos sumarnos a la observancia de ese derecho natural que tienen los pueblos de elegir su propio modo de vida. Pero no por esto debemos de perder la razón y ver cómo muchos países están viviendo tiempos de convulsión por la imposición de normas y costumbres que atentan contra la salud y la felicidad familiar. Dos factores primordiales para el desarrollo de las sociedades, ya que la insatisfacción de las necesidades de un segmento de una población determinada es un obstáculo para la unificación con el otro segmento, donde prima el bienestar, dando como resultado los estados de guerra en que viven muchas naciones, como las africanas, las centroamericanas, los países del medio oriente y la recién pasada guerra de las naciones que fueron miembros de la Unión Soviética.

No debemos de obviar que muchas de las normas y costumbres de esos pueblos han sido impuestas por las religiones, las cuales se han hecho cotidianas para las masas, algunas más severas que otras; pero no se pueden excluir ningunas.

Distintas instituciones internacionales han estado pidiendo que se revisen muchas de las costumbres de los países del Tercer Mundo, ya que a veces estas tienen una influencia negativa en los pobladores de esas naciones, que una vez alcanzan algún nivel de conciencia dejan al desnudo la práctica inhumana de dichas costumbres, dando como resultado una rebeldía de la gente, como es el caso de algunas naciones africanas,

Hay un caso particular de una de estas naciones, que ha convertido su costumbre en una discordia de carácter internacional. Catapalimé, es una ciudad de Cobo, cerca de Lomé, en África, donde se tiene por costumbre cercenar el clítoris a las mujeres antes de casarse, para que de esta manera la mujer no tenga sensación, y así no se le despierten los deseos sexuales. Porque de acuerdo con la costumbre, la mujer solo está concebida para la reproducción y la atención al hombre; pero sí, permitiéndole a este tener más de una mujer, dependiendo de su situación económica. Esta ha sido una costumbre que según sus pobladores la han practicado por milenios de años y no están en condiciones de abandonar dicha práctica.

La ejecución de esa costumbre en Cobo se ha convertido en un tema de interés nacional, cuando muchas de las mujeres se han negado a someterse a tan cruel práctica teniendo muchas veces que abandonar el país, a veces inclusive en calidad de exiliadas; por lo que muchas naciones han tenido que recapitular sus leyes inmigratorias para permitir el acceso a sus países, como es el caso de los Estados Unidos, que ha permitido que algunas de las mujeres de Catapalimé permanezcan en sus territorios en calidad de exiliadas, ya que muchas de las vidas de estas mujeres, corren un gran riesgo, porque la práctica de cercenar dicho órgano se hace sin ninguna orientación profesional y con muy poca asepsia.

Reflexión:

Yo creo que esta es una costumbre que debemos eliminar por la consecuencia que la misma conlleva, tanto en el plano de la salud física como mental; y que debemos de estar alerta para que práctica como esta no se convierta en moda en nuestros países. ¡Ah!

Y no se sorprendan y miren a su alrededor o en la televisión, para que ustedes vean cuántos jóvenes, tanto del sexo femenino como del masculino, han copiado costumbres antiquísimas, muchas de estas, de origen africano, como es el uso de prendas introducidas en su piel, ya sea en las orejas, narices, labios, ombligos, senos, lenguas y cualquier otra parte del cuerpo. En estos tiempos esa práctica se ha hecho tan común, que es raro ver un joven sin prendas en su cuerpo.

Qué futuro espera a estos jóvenes con esa mentalidad, que en vez de mirar al futuro, retroceden milenios de años a normas y costumbres que debieron haber desaparecido; pero, ellos se empeñan en mantenerla como ese eslabón, que según el naturalista e investigador científico Charles Darwin, nos separó del reino animal.

Otro hábito que ha sido asimilado por una gran parte de la población mundial, causando estragos a niveles impensados en todos los estratos de la sociedad es el consumo de las drogas, en países de Sur América, Centroamérica. Aunque en algunos pueblos asiáticos, el uso de alucinógenos es una práctica milenaria; pero las nuevas generaciones la han convertido en receptora de tan negativa práctica tan perjudicial para la salud como para el desarrollo de los sentidos.

LAS FESTIVIDADES EN LOS PAÍSES DEL TERCER MUNDO

En muchos de los países del Tercer Mundo hay incontables días de fiesta, copiados por la influencia de los días festivos de las naciones del Primer Mundo; siendo muchas veces contraproducente a las normas y costumbres de los países subdesarrollados. Como es el caso de Australia, que anteriormente fue gobernada por Inglaterra, lo que dio como resultado que los australianos tuvieran que hacer uso de las normas y costumbres de los ingleses, aunque algunas de estas celebraciones eran contrarias a las celebraciones australianas, ya que en los países anglosajones se celebra la llegada de la primavera con la figura del conejo como símbolo de la fertilidad y el buen augurio en las fiestas de Pascua. Pero resulta, que mientras los anglosajones ven con buen ojo al conejo, los australianos lo ven como una plaga por su reproducción tan rápida y los efectos negativos en los cultivos agrícolas.

La influencia de las costumbres de los países desarrollados sobre los países del Tercer Mundo es de tal magnitud, que hay muchos países latinoamericanos que celebran el día de Acción de Gracias, que es una fiesta puramente norteamericana y específicamente de los Estados Unidos. Otros días de fiestas que se han ido popularizando en las naciones latinoamericanas son el de Brujas, Santa Claus y muchos otros que se están haciendo comunes para los latinoamericanos. Celebraciones estas que resultan negativas desde el punto de vista económico para nuestros países, ya que dichas celebraciones van acompañadas de las comidas y bebidas tradicionales de los países de origen, por lo que estos tienen que hacer masivas importaciones de dichos productos.

Estas celebraciones foráneas, chocan con nuestras costumbres y culturas, creando confusión en la mentalidad de nuestros pueblos.

Nuestros pueblos deben retomar las costumbres y culturas de origen de cada uno de sus respectivos países, para que de esta manera se pueda mantener una hegemonía cultural, con una identidad propia; para que se nos identifique como nación, como pueblo soberano y libre, como estamos supuestos a ser; mostrémosle al mundo nuestro vestuario; brindémosle nuestra comida y celebremos nuestras festividades con orgullo y satisfacción.

LA CORRUPCIÓN UN MAL DEL TERCER MUNDO

La corrupción en los pueblos, han sido uno de los peores males que ha tenido la humanidad. Desde la destrucción de Sodoma y Gomorra, producto de su indisciplina social fueron destruidas en su totalidad. La corrupción ha sido una retranca de las sociedades, a través de todos los tiempos, y hoy día los países del Tercer Mundo están siendo azotados por tan grave mal, sin tener luces en el horizonte para la eliminación de esta plaga.

En estudios que se han hecho en diferentes países para evaluar los niveles de corrupción; los países donde se observan los mayores índices de este flagelo han sido las naciones en vías de desarrollo.

Uno de esos estudios que se realizó en el año 1997 por una prestigiosa firma, de origen alemano-americana, determino que el país que tuvo el grado más alto de corrupción fue Nigeria, un país africano, con una extensión de terreno de 923,768 km, y una población de unos 110,000,000 de habitantes; con vastos recursos naturales y minerales; pero su pueblo se hunde en una de las mayores situaciones de pobreza; el segundo lugar lo ocupó Bolivia, un país Suramericano con una extensión de terreno de 1,908,581 km, con una población de 7.5 millones de habitantes, otro país con grandes recursos naturales, minerales y un clima paradisíaco.

EL tercer lugar lo ocupó Colombia, otro país Suramericano con una extensión de 1,141,748 km, y una población de unos 35 millones de habitantes, otro país privilegiado por sus recursos naturales y minerales, con una amplia vegetación, con un clima muy favorable para la producción agrícola y la cría de ganados. Siguiendo el orden de los grados de corrupción, de acuerdo con el estudio realizado por dicha firma, el cuarto lugar lo ocupó Rusia; el quinto, Paquistán; el sexto, Méjico; el séptimo, Indonesia; el octavo, La India; el noveno, Venezuela y, el décimo, Vietnam.

Los países que mostraron menos grados de corrupción, de acuerdo con el estudio realizado en 52 países, el primer lugar lo ocupó Dinamarca, un país europeo con una extensión de terreno de 43,092 km, con una población de unos 5,300,000 habitantes, este país está formado por 438 islas de las cuales hay alrededor de 97 habitadas; el segundo lugar lo ocupó Finlandia, otro país europeo con una extensión de terreno de 338,145 km, y una población de unos y tantos de habitantes. Finlandia está formada por unas

6 500 islas, pero solo unas 80 están habitadas. Es un país de un clima muy severo, ya que el invierno dura unos 6 meses; el tercer país es Suecia, también europeo, con una extensión de 449,964 km. Y una población de unos 9,000,000 de habitantes, es un país de grandes recursos naturales y minerales.

Otros países considerados menos corruptos son Nueva Zelanda en quinto lugar; Canadá en sexto; Holanda, séptimo; Noruega, octavo; Australia, noveno y Singapur, décimo.

Ese estudio mostró que los países a latinoamericanos menos corruptos fueron: Costa Rica en la posición 22, seguido por Chile, Uruguay y Brasil. Estos fueron los países más virtuosos en Latinoamérica por el poco grado de corrupción, en comparación con los otros países circundantes.

Haciendo un ligero ejercicio mental podemos concluir que la corrupción en los países del Tercer Mundo es uno de los males mayores para ser desarrollo por lo tanto, los gobiernos de estos países tienen que empezar a tomar medidas en contra de ese mal, concientizando a los ciudadanos para que sean ellos los que defiendan sus patrimonios, naturalmente con la ayuda de los gobiernos. Pero debe ser la población quien tiene que ir tomando conciencia a la hora de elegir uno de estos gobernantes, ya que han sido estos los que más daño le han hecho a su propio pueblo, negándole el acceso a la salud, la educación y el derecho a una buena alimentación.

Por lo tanto, a la hora de elegir a ese que dice que va a representar los intereses del pueblo, que es el propio tuyo, debes meditar y tratar de conocerles a él: cuál ha sido su trayectoria en la vida pública y privada, para que de esta manera puedas tú tener conciencia y ver si es uno de los que van a servirse de tu patrimonio o es él que viene a servir al pueblo; ya que son muchos los presidentes, legisladores y representantes municipales que han dañado a los pueblos, detrás de la careta de la honestidad, del trabajo y la capacidad, quedando al descubierto su falsedad una vez han sido elegidos.

Si queremos mejores naciones, debemos romperle la columna a la corrupción educándonos y manejándonos, con el decoro que la conciencia nos dicte, para que en el momento que queramos exigirle a la nación esos derechos, que muchos creemos tener, nuestra conciencia no nos traicione.

LOS RECURSOS VILIPENDIADOS DEL TERCER MUNDO

Los países del Tercer Mundo han sido los mayores proveedores de todas las fuentes de sustentación, que la humanidad haya requerido; sin embargo, han sido los que menos provecho han recibido de dichos recursos, a tal grado que sus gentes son las más necesitadas en todo el mundo.

Los países de África y Asia han sido proveedores consuetudinarios de alimentos, pieles, minerales y hasta la misma fuerza humana para elaborar esos productos, por miles de años, a los países europeos y algunos del continente americano.

Latinoamérica por más de quinientos años ha venido proveyendo con todos sus recursos naturales a los países europeos, norteamericanos y muchos otros. Los países del Medio Oriente en los últimos años han sido los proveedores por excelencia del petróleo que consume el mundo.

Como ustedes ven, los países del Tercer Mundo han tenido y tienen todos los recursos que las naciones desarrolladas necesitan para mantener el nivel con que viven; desgraciadamente no han aprendido a utilizar estos medios, todo lo contrario han destruido su propio modo de vida, pasando de proveedores a necesitados.

¿Sabían ustedes que todas esas piedras preciosas que han lucido reyes y emperadores vienen de esas naciones empobrecidas? Donde sus pobladores viven en una indigencia total, que son los países africanos, que esas decoraciones en construcciones majestuosas que se exhiben en catedrales y palacios del viejo mundo son decoradas con el oro de Latinoamérica que la construcción de esos barcos y automóviles modernos son fabricados con los metales extraídos de los países del Tercer Mundo; que esos manjares que se degustan en los restaurantes lujosos de los países del Primer Mundo son elaborados en base al producto agrícola de los países subdesarrollados.

Los países del Tercer Mundo, en su calidad de proveedores de materias primas a los países desarrollados, han recibido cuantiosos recursos, pero los gobernantes de estos países han hecho uso indebido de estos, devolviendo muy poco a su pueblo. Ya que los gobiernos han manejado estos países como patrimonio propio, sin detenerse un segundo a pensar en el futuro de dichas naciones. Vamos a señalar un país que en los últimos veinte años ha manejado más de doscientos mil millones de dólares de la exportación de sus recursos naturales y otros. Este país está enclavado en Suramérica el cual debía ser una de las naciones más prósperas, sino del mundo, por lo menos de esa parte de América, sin embargo se hunde en la pobreza. Productora de petróleo, metales preciosos y una gran capacidad para la producción agrícola. Pocos países en el mundo han tenido tantos recursos como Venezuela; este mismo ejemplo lo podemos aplicar a muchas otras naciones Suramericanas. De los países caribeños no hay que mencionarlos, que aunque son geográficamente pequeños han manejado grandes recursos económicos, pero con el mismo criterio con que se han conducido sus otras naciones hermanas.

Todas las naciones del Tercer Mundo son hermanas, porque tienen una madre común que es "la desdicha y la corrupción", los recursos que han generado estas naciones han sido para mantener a una población parasitaria del Estado sin producir fuentes de bienestar social, llevando a los pobladores de estos Estados a una miseria incesante y galopante.

Los países tercermundistas deben hacer una revisión y un inventario de sus recursos para que de esta manera puedan tomar las riendas de los destinos de estos países para un mejor futuro, ya que el que se vislumbra es oscuro y tenebroso por ese mal manejo de los políticos.

Hagamos que nuestra gente reciba la parte que le corresponde produciendo bienes para todos.

LOS PLACERES Y EL TERCER MUNDO

Cuando Dios creó el mundo, creó hombre y creó mujer, y lo hizo precisamente con la idea de que el hombre y la mujer sean el uno para el otro, y que esas relaciones sean eternas.

Con el pasar del tiempo el placer sexual se ha ido imponiendo sobre todas las acciones y sentidos del hombre y como resultado, tenemos que el hombre, en busca de esos placeres, ha sacrificado todas las fuentes de desarrollo y hasta de su propia supervivencia y por eso hoy día estamos siendo azotados por una de las epidemias más grandes que haya podido tener la humanidad, esta epidemia sexual es el Síndrome de Inmunodeficiencia Adquirida (SIDA).

Con mucha pena los países del Tercer Mundo son los más afectados por ese mal pero no es solamente el efecto de la enfermedad misma lo que ha atacado a los países del Tercer Mundo, sino las secuelas aberrantes que dejan esas relaciones, creando grandes traumas en la sociedad de hoy.

Los países subdesarrollados deben hacer una revisión del comportamiento social de sus pobladores para que de esta manera podamos evitar que continúe la propagación de ese flagelo, ya que crecen en forma de epidemia sus estragos.

Los países del Tercer Mundo más corrompidos por la prostitución son: Tailandia, México, Cuba, República Dominicana, y muchos otros. A veces esta prostitución es exportada a los países desarrollados, donde se ponen en prácticas lujurias y aberraciones sexuales de pueblos decadentes.

El sexo debemos verlo como un acto divino, como un acto para nuestra reproducción que fue como lo concibió nuestro creador (Dios), que aunque es un aspecto de nuestra vida muy importante, debemos ponerlo en paralelo con el desarrollo mental y espiritual del individuo para que de esta manera podamos inhibirnos de tales deseos.

LOS LÍDERES POLÍTICOS E ÍDOLOS DEL TERCER MUNDO

Nosotros somos la materia prima de nuestros líderes e ídolos y de nosotros dependerá que ellos sean buenos o malos; porque nosotros como materia prima lo que dejamos como producto final, son los gobiernos y los legisladores, que siempre nos manejan.

La mayoría de nuestros líderes políticos cuando están en campañas o en busca de alguna posición política se refieren a esa masa votante con una serie de alabanzas que envanece las cabezas de ellos y siempre se refieren al votante con una expresión de confraternidad, amor y comprensión y llegan a juzgar, a priori, a ese incauto y futuro votante, diciéndole inteligente, trabajador y honrado, atributos estos que son utilizados por el político audaz para construir el puente que lo va a conducir a la torre de falsedades de su propio yo; para desde allí valerse de los medios de comunicación para llevar las falsas ideas que han de alegrar el espíritu de esas pobres almas.

Estos políticos, una vez alcanzan sus objetivos cambian su lenguaje, como el camaleón cambia de color y se convierten en amigos e idólatras de los países del Primer Mundo, supliendo las mínimas necesidades de estas naciones. Ahora sus alimentos deben venir de las naciones desarrolladas, su salud debe ser cuidada por un profesional de esa nación, el dinero que muchas veces no han ganado del sudor de su frente, lo depositan en bancos extranjeros; sus casas veraniegas están en una de esas ciudades cosmopolitas del mundo, porque la gente que rodea la casa en su país de origen, no tiene la calidad moral y social de su posición; sus trajes y zapatos deben ser de diseñadores famosos y principalmente que vivan en países del Primer Mundo.

De nuestros ídolos artísticos podríamos decir lo mismo, están hechos de la misma piedra, le abrimos nuestro corazón, la puerta de nuestros hogares a través de la televisión, la radio y otros medios; permitimos que embarguen a nuestros familiares con afectos simulados; compramos sus discos y asistimos a sus presentaciones, para al final dejarnos confundidos con su mal comportamiento y muchas veces con malos ejemplos para la sociedad.

Nosotros creamos esos monstruos, por eso debemos revisarnos, meditar y tomar conciencia antes de dar un paso en favor de uno de esos "dragones".

Tomemos de guía a esos hombres que son ejemplos en la humanidad, que dieron todo a cambio de nada, como lo fue Jesucristo, que luchó y predicó por el bien de la humanidad. Mahatma Gandhi, ese hombre humanista de la India, que luchó hasta entregar su vida por el bienestar de su pueblo, con el único objetivo de darle la libertad a su gente, que él entendía era lo más noble que puede poseer un pueblo.

El Dr. Martín Luther King, un humanista y religioso, que luchó por el bienestar de la raza negra de Norteamérica; una lucha que le condujo a una muerte a destiempo, pero dejó la huella imborrable de los corazones de cada uno de los norteamericanos.

La Madre Teresa de Calcuta, que en busca insaciable de ese bienestar común para los pobres, ha visto extinguir su vida como una vela cuando su llama derrite su cera.

Revisemos nuestros métodos de escogencia para las personas que han de guiar nuestras vidas o que hemos de compartirla, ya sea de un líder político o de la persona que ha de acompañarnos en el hogar, ya que es ahí donde se germina la materia que ha de servir para crear nuestros líderes e ídolos.

Elijamos guías a las personas idóneas que han de ser aquellas que se identifiquen con el amor, el dolor y el sacrificio humano, que son características que se hacen comunes en todos los hombres, ya que estos van a ser elementos para la creación de una sociedad sana, por lo que debemos coronar estos valores con la razón de la justicia y la verdad; para entonces ser aplaudidos desde lo más alto con la divinidad de nuestro creador.

LA UNIÓN Y LOS PAÍSES TERCERMUNDISTAS

Qué penosa es la historia de los países del Tercer Mundo; porque la devoción y esa entrega incondicional de los héroes de estos pueblos se ha visto desvanecer con el pasar del tiempo. América Latina fue el primer continente que empezó a librarse del yugo caudillista a que le habían sometido los países europeos, es uno de los continentes más ingratos con sus patriotas, porque fueron muchos los hombres de buena voluntad que ofrendaron su vida a cambio de la persecución de una mejor suerte para su pueblo y muchos de estos recibieron como paga el destierro, el encierro o la muerte en la pobreza más denigrante. Para mencionar solo algunos de esos grandes hombres como fueron Simón Bolívar, José de San Martín, Suárez, O'Higgins, Artigas, Duarte y Sánchez, entre otros tantos... Pero qué destino más oscuro que después de liberarse del dominio extranjero por estos patriotas, entonces se vuelven en una lucha interna entre ellos, que desde principios del 1800 hasta hoy día aún no logran ponerse de acuerdo.

África que ha sido uno de los últimos continentes en liberarse de los países invasores, corriendo sus héroes suerte muy parecida a los de América Latina, ya que estos nunca han sido exaltados por su pueblo, dando como resultado una falta de liderazgo y produciéndose así una lucha interna entre su propia gente, las cuales se inmolan día a día.

En el Medio Oriente vemos cómo las creencias religiosas mantienen a los pueblos divididos en una lucha encarnizada entre ellos mismos.

En Asia, principalmente en los países pobres, la gente mantiene una lucha feroz y destructiva por la supremacía de una de las castas sociales, como es el caso de la India; ahí tenemos la división de Corea y la corrupción de Tailandia.

Los países del Tercer Mundo se mantienen divididos por su propia gente, teniendo como resultado una pobreza que los cubre como el manto sagrado que envolvió el cuerpo de Jesús.

El libertador Simón Bolívar, al igual que José de San Martín, murieron de tristeza y con la amargura de ver su América dividida por la ambición política y económica de sus hombres.

Es lamentable que en el umbral del siglo XXI aún exista esa división entre esos pueblos y que precisamente sea entre esos hermanos, hijos de una misma patria con un mismo lenguaje y sol. Pero qué vergonzoso es ver el servilismo que muestran esos países a las potencias extranjeras, potencias estas que muchas veces ultrajan los principios y las costumbres de estas naciones, sin tener el mínimo escrúpulo y mucho menos respeto a su gente.

No es posible que aún existan fronteras en estos países; cuando todos los países desarrollados se están uniendo, borrando sus fronteras, mientras los países de Tercer Mundo se encargan de atizar esas divisiones.

Hasta que los países del Tercer Mundo no logren identificar sus errores y se encausen por un ideal común con razonamiento y buena fe, nuestros pueblos no gozarán del pan, de la paz y el desarrollo.

Recientemente la iglesia católica celebró una conferencia episcopal donde se hacían una serie de recomendaciones para el bienestar de los pueblos. Voy a señalar 10 de esos puntos:

1.- Aceptar que la mayoría de los pueblos quieren más diálogo que protestas, más realizaciones que palabras.

2.- Fundamentar nuestra esperanza en Dios y en las virtudes de los pueblos.

3.- Tomar conciencia de que en las nuevas generaciones se descubra un ansia progresiva de superación y un anhelo de poner al servicio todo el saber científico y tecnológico adquirido.

4.- Olvidar generosamente desavenencias, agravios y enfrentamientos, perdonar se torna urgente para buscar el bien común.

5.- Trabajar intensamente en la reconciliación de todos, para que juntos empecemos a resolver con entusiasmo y eficacia los problemas que nos envuelven y entorpecen "todo reino dividido, perecerá".

6.- Colocar como fórmula del éxito colectivo la capacidad, la capacitación, la creatividad, la laboriosidad y la honestidad.

7.- Tener presente que el aislamiento en el mundo de hoy es anquilosarse y, aún más, suicidarse económica y políticamente.

8.- Exigir integración regional, continental y mundial, es nadar contra la corriente; es decir si antes no nos exigimos a nosotros mismos, no nos integramos entre nosotros y somos productivos.

9.- Esperarlo todo del gobierno es un costoso error y un imperdonable retroceso histórico.

10.- Colocar como divisa indiscutible esta expresión: La patria es tarea común de todos. Todos somos cómplices de sus males y todos somos colaboradores de sus éxitos; entre todos la hundimos o entre todos la salvamos.

Anteriormente dijimos lo que es el poder de la unión, lo que es los Estados Unidos de América; un país que hace 225 años, era una pradera llena de búfalos y animales salvajes, que corrían por todas partes; hasta que fue poblado por un grupo de hombres y mujeres, de diferentes países y sociedades. Pero esta gente con un principio, una idea, y una voluntad férrea: hicieron que estos conceptos se hicieran comunes para todos los presentes y futuros habitantes de la comunidad, dando como resultado el país más desarrollado y rico del mundo.

¿Por qué los países del Tercer Mundo no imitan tal acción? Volvamos la mirada de nuevo a la América Latina, que cuando los Estados Unidos de América, aún no habían nacido como nación, ya esta era adulta; porque tenía universidades, catedrales, ayuntamientos, industrias y otras tantas instituciones propias para el desarrollo de una nación. Pero esos países se han preocupado más en ocupar su tiempo en buscar un culpable de sus desgracias que en mejorar su propia suerte.

¿Cuándo la América Latina va a despertar, para hacer de esta el sueño de ese gran prócer de la libertad, Simón Bolívar?

La desunión en los pueblos latinoamericanos ha sido la gran desgracia de estos, un lastre que le ha costado mucho a su gente.

LA INMIGRACIÓN Y LOS PAÍSES DEL TERCER MUNDO

Los tercermundistas ven los países desarrollados, como los navegantes perdidos en los mares egipcios, veían El Faro de Alejandría, luz de vida y esperanza.

Los países desarrollados, que fueron siempre fuentes de trabajo para los inmigrantes de los países pobres, convirtiéndose así las naciones industrializadas en aportadoras de bienes y recursos por el trabajo realizado por los inmigrantes; permitiéndoles además, un mejor modo de vida, producto de los estándares sociales en que viven sus ciudadanos.

Los países desarrollados que tienen un marco legal amplio de lo que son los beneficios sociales para sus trabajadores, se han visto obligados a proporcionarles los mismos beneficios a todos sus empleados; brindándoles a estos un nivel de vida mucho más elevado que el de sus países de origen. Produciéndose así un desenfrenado deseo del resto de los pobladores por emigrar a dichas naciones; pero resulta que muchas de las reglas legales se han cambiado y muchos desconociendo estos cambios, se avalanchan y buscan todas las maneras de penetrar a las naciones del Primer Mundo.

Convirtiendo esta situación, en un el dolor de cabeza para las naciones que en una ocasión incentivaron la inmigración de millares y millones de estos ciudadanos, y hoy quieren deshacerse de estos como moscas en un manjar que ha de comerse.

La inmigración de los países desarrollados a las naciones ricas es tan grande que estas han tenido que tomar medidas tan rigurosas que han puesto en riesgo las vidas de los inmigrantes; como es el caso de la frontera de México con Estados Unidos, donde miles de inmigrantes han perdido la vida en el Río Grande tratando de penetrar a los Estados Unidos de Norteamérica.

La cantidad de dominicanos y haitianos que han dejado su vida en los mares del Caribe, tras lanzarse en frágiles embarcaciones en busca de la tierra prometida que para ellos es la isla de Puerto Rico, que ha de servirle de puente para llegar a lo que han bautizado como el paraíso terrenal: Nueva York.

Los europeos dicen tener su calvario, con las inmigraciones de los africanos; los cuales tratan de penetrar al viejo mundo a través del canal que divide a España y Portugal de Marruecos; donde a diario devuelven cientos de africanos tratando de alcanzar las costas europeas. Esa misma situación la vive, la hoy provincia China, Hong Kong, con la intención masiva de la invasión pacífica de la China comunista.

Son muchas las voces de los inmigrantes, que dicen que ya esos países no son los mismos de antes; y la verdad es así, ya que esos países se han tecnificado tanto que la mano de obra poco capacitada, tiene poca utilidad para esas industrias, donde una vez, esas manos fueron las protagonistas del progreso de esas naciones.

Lamentablemente los países del Tercer Mundo no se han preocupado en capacitar esas manos productivas y las naciones industrializadas no están en condiciones de hacerlo porque no tienen el interés; lo cual ha provocado que muchos de esos inmigrantes incapacitados para laborar en esos medios productivos, deambulen por las calles o vivan de las beneficencias sociales que tienen esos países, convirtiéndose así en estorbo para las sociedades de dichas naciones.

Una respuesta que han tratado de dar las naciones desarrolladas a la inmigración, es llevar las fuentes de trabajo a los países subdesarrollados, principalmente, aquellas que no ameritan el conocimiento de una alta tecnología o las que por los altos riesgos de contaminación muchas veces no se le permite operar en las naciones del Primer Mundo; por la gran protección social y física a que son sometidos sus habitantes.

Otra razón de la existencia de las industrias de los países ricos en los pobres, es el costo de la mano de obra, el cual es mucho más barato en esas naciones, al igual que los compromisos fiscales con los Estados. Por eso hoy día, vemos todas esas industrias establecidas en las llamadas Zonas Francas en los países subdesarrollados.

Los países del Tercer Mundo deben aprender a vivir sus realidades y abocarse a una capacitación masiva, para que de esta manera puedan sacarles el beneficio a sus propios medios; para que sus pueblos se conviertan en hogares de esperanzas y dichas.

No se puede permitir que la esperanza que se ha mantenido sea la forma de vida de otros, no dejar que les vendan sueños de ilusiones y que sus vidas se precipiten por la vía de la frustración y el desaliento, no dejarse hipnotizar, por esos maestros sembradores de mentiras y quimeras.

Se debe reconfirmar la fe que tenemos en nosotros y en nuestra tierra, para hacer de esta brotar el fruto del bienestar social y la fe de la esperanza perdida.

PAÍSES DEL TERCER MUNDO MARIONETAS DE LOS PAÍSES DESARROLLADOS

Los países del Primer Mundo juegan con la economía de los países subdesarrollados como marionetas del teatro. Esos países imponen los precios en los productos, tanto de importación como de exportación, y valoran la moneda de los países pobres al gusto y conveniencia de ellos.

Los años 80 fueron muy difíciles para América Latina, porque sus productos y sus monedas fueron devaluadas. muchos países tuvieron a punto de colapsar por esta situación; situación que traspasó la década de los ochenta para llegar a los noventa, así vimos que un país que se proyectaba como el líder de los países latinoamericanos vio sus sueños derrumbarse junto con su moneda.

México se proyectaba como el líder indiscutible de todas las naciones latinoamericanas, pero la economía le jugó una mala pasada en el año 94, produciéndose una caída de su moneda y de hecho en su producción, dando como resultado un desmejoramiento de la vida del pueblo mexicano; pero de suerte fue que los que manejaban los hilos del muñeco de la economía. atizaron las cuerdas, permitiendo que este se mantuviera en pie.

Hoy día vemos un país emergente que vuelve a ganarse el sitial de liderazgo ante sus hermanos latinos, los cuales han sufrido situaciones muy parecidas. Mientras las marionetas latinas yacían en el suelo por descuido de los marionetistas, los países desarrollados se entretenían con las marionetas de los países del continente asiático, las cuales danzaban al ritmo de los Siete Grandes, danza esta, que motivó a muchos otros países a unirse al baile.

A finales de 1996 los Sietes Grandes soltaron los hilos de las marionetas asiáticas, creando en ellos un desaliento en su producción, lo que ha tenido un efecto devastador en la moneda de Tailandia, Filipinas, Indonesia Y Malasia; cuyo mal ha afectado a sus compañeros de fiesta, que son Singapur y Hong Kong, que aunque este último se unió a la fiesta al final, era uno de los que amenizaban el baile.

Esos países asiáticos que se han mencionado forman parte de los países emergentes, los cuales se encaminaban con tal energía hacia el desarrollo, que solo la envidia de algunos marionetistas podrían impedir que estos terminaran su pieza musical con el avance y el desarrollo de los países del Primer Mundo.

Los países del Primer Mundo les han colocado a los países del Tercer Mundo dos ángeles guardianes, para cuando la economía de estos se vea en peligro, ellos puedan acudir a los llamados guardianes. Estos son el Fondo Monetario Internacional (FMI) y El Banco Mundial (BM), instituciones que siempre están prestas a cortar los hilos de las marionetas o alargarle la pieza musical.

Ojalá que un día los países en vía de desarrollo tengan sus propios ángeles guardianes, para que no se vean en la obligación de aceptar "la defensa" que le ofrecen los tutores de estos llamados “ángeles”.

LA GLOBALIZACIÓN Y LOS PAÍSES DEL TERCER MUNDO

La globalización es una epidemia mortal para los países del Tercer Mundo.

Primero se vivió la etapa del feudalismo donde los grandes mayorales explotaron a los nativos de los pueblos pobres, hasta dejarlos en estado agonizante. Luego vino el comunismo donde se crearon todas las expectativas de bienestar social a las gentes de las naciones subdesarrolladas, hasta que un día despertaron con más necesidades y frustraciones que nunca, destruyendo el muro de Berlín. Y ahora están vendiendo "La Globalización", que es donde van a dar "El Palo de Gracia" a los países tercermundistas. Entiéndase "Palo de Gracia", el golpe que reciben las reses en la cabeza cuando la llevan al matadero, para entonces introducirle el cuchillo, y hacer de ellas guisos y sándwiches.

Los países desarrollados están vendiendo la idea a los países subdesarrollados de una integración comercial entre las naciones con una libertad de movimiento de las mercancías que ofrezcan cada uno de esos países con impuestos muy bajos; pero resulta que los países desarrollados tienen los medios de producción con una capacidad industrial sin límites en comparación a los países pobres, lo que quiere decir que solamente habrá un vendedor, que son los países del Primer Mundo y los con1pradores naturalmente serán los países del Tercer Mundo.

Muchas naciones del Tercer Mundo han recibido la noticia con algarabía. Asegurándole a su pueblo que habrá un mayor bienestar porque van a tener acceso a los productos que consumen las gentes del Primer Mundo; eso suena maravilloso, pero los tercermundistas, me parece, que no han pensado un segundo de dónde van a obtener los recursos para adquirir esos bienes y servicios que esas empresas extranjeras van a ofertar. Pero ese no es todo el mal, lo peor de todo es que con la algarabía y la bulla que tienen los tercermundistas se han olvidado de producir sus propios bienes, dando como resultado que muchos países, que en años anteriores fueron exportadores de productos agrícolas, ahora son importadores. Los países caribeños fueron los líderes productores de caña de azúcar, y su azúcar se vendía en el mundo entero, ahora muchas de esas islas están importando la azúcar de remolacha de los países desarrollados.

Los países suramericanos que también fueron exportadores de su carne vacuna a muchos otros países han visto mermada su producción ganadera teniendo que importar la carne y sus derivados.

Los países asiáticos y africanos que fueron la fuente abastecedora de especias para los alimentos, de la tela de seda para la elaboración de esos trajes suntuosos, las pieles para abrigos y muchos rubros agrícolas. Hoy importan sustitutos de esos productos, los cuales son sintéticos, producidos en los países industrializados.

El desbalance existente en la capacidad de los medios de producción de los países desarrollados y subdesarrollados es como la batalla del huevo y la piedra, donde siempre el huevo resultará ser el destruido, así será la suerte de los países del Tercer Mundo.

Los países del Tercer Mundo deben educar y capacitar a su gente y para esto, los gobiernos, deben proporcionarle la herramienta de las escuelas, el lápiz y el papel, para tratar de eficientizarlos en la producción de los bienes y servicios, para que de esta manera se pueda hablar de globalización.

En cualquiera de los países del Tercer Mundo encuentra usted una de las tiendas de esas cadenas internacionales de los países desarrollados, ya sea de comida rápida, de ropa y de muchos otros productos. Lamentablemente estos comercios no han ayudado a estos países, sino todo lo contrario, han afectado su economía, porque la gente ha cambiado hasta los hábitos alimenticios, ya que los medios de comunicación les han creado un estado hipnótico a los nativos de los países del Tercer Mundo.

Bienvenida sería la globalización en los países del Tercer Mundo, cuando estos recibiesen los beneficios de las negociaciones en cada país, invirtiendo en educación y tecnología parte de las ganancias que obtienen, y no dejar con simples ilusiones o con los hoyos con que han dejado a los países después de extraerle sus minerales, como ha pasado en muchas de las naciones que poseían grandes riquezas mineras, por donde hoy día ni siquiera las aves vuelan, porque sus aguas las han dejado contaminadas a tal grado, que no hay especies que sobrevivan.

EL AGUA, UN RECURSO DEL TERCER MUNDO

El agua se ha ido convirtiendo en un producto suntuario en muchas naciones, principalmente el agua potable que cada día escasea más. Muy pocos países en el mundo posee agua en estado óptimo para el consumo humano y animal.

El agua forma las tres cuartas partes del globo terráqueo; pero el 95% es agua salada y el cinco restante, gran parte se encuentra en estado de congelación en los glaciares, y la otra gran parte que circula en los ríos, arroyos y aguas subterráneos se encuentra contaminada por los desperdicios de las grandes industrias que vuelcan sus tóxicos en las fuentes acuíferas.

Los países desarrollados, que son los más industrializados, son los que tienen los mayores problemas de contaminación. ya que estas naciones no fueron previsoras evitando producir las altas contaminaciones y destruyendo de esta manera la ecología de sus propios suelos. y la vida marina y vegetal.

Los países del Tercer Mundo son los privilegiados esta vez, ya que sus recursos acuíferos son de los más aptos para el desarrollo de la vida, porque su contaminación es mínima.

Aunque debemos advertir, que hay que hacer esfuerzos urgentes para mantener una sana foresta y una vigilancia constante en las industrias y los productores de elementos contaminantes que están amenazando la pureza y calidad de las aguas.

Muchas naciones han estado mirando las aguas que se encuentran en los glaciares en estado de congelación, como posible respuesta a las necesidades de estos; pero los mecanismos para trasladar dicho líquido es tan costoso que esa posibilidad se ve muy remota. Lo que los países desarrollados están buscando es la forma de evitar la contaminación de sus aguas, imponiendo fuertes sanciones a las industrias que no tomen medidas para controlar las emisiones de tóxicos.

Los países subdesarrollados deben prender su bombillo de alerta para no permitir que las naciones desarrolladas lleven sus industrias contaminantes de esos países, como lo han venido haciendo en los últimos años.

Debemos saber que la contaminación de las aguas no solo se produce en las zonas terrestres; sino también con la lluvia, cuyas nubes acuosas se contaminan con los gases que expelen muchas industrias. Esa contaminación ha producido las llamadas lluvias ácidas, con efecto destructor sobre las diferentes formas de vidas.

Conservemos el agua como el patrimonio principal de la vida; protegiendo nuestros bosques y las fuentes directas de ese líquido.

LA PÓCIMA QUE LOS PAÍSES DESARROLLADOS NO QUIEREN TOMAR

Los países desarrollados permitieron que su sociedad enfermara en un estado de gravedad, para lo cual se han encontrado pocos medicamentos; esa enfermedad ha sido producto del consumo y abuso de las drogas; la cual ha producido efectos destructivos en el seno de sus poblaciones. Estas naciones han querido culpar a los países del Tercer Mundo de dicho mal, "ignorando ellos" que culpar a estos países es como responsabilizar a la naturaleza misma, que es la responsable de producir esos productos. Ha sido el hombre de los países tecnificados, que haciendo uso de sus conocimientos transformó esa materia prima de fuente natural en lo que son hoy día las llamadas drogas. Ha sido este mismo hombre que ha comercializado y consumido el producto. Mientras esto sucedía, las naciones desarrolladas se hacían de la vista gorda, permitiendo de esta manera que su gente enfermara.

Debemos saber que el producto obtenido de este mercado era del disfrute de los países desarrollados y creo que aún lo es, porque el dinero que se obtiene de la venta de dicha mercancía, no se cambia por viandas o verduras producidas en los países subdesarrollados. No, esos recursos se cambian por automóviles lujosos, yates, aviones, casas en las ciudades más cosmopolita del mundo, vestimentas suntuosas de grandes diseñadores, viajes alrededor del mundo y muchos otros bienes y servicios producidos todos en los países desarrollados. Lo que quiere decir, que han sido estos países los que se han beneficiado grandemente de ese flagelo de la humanidad. No por esto los países del Tercer Mundo están libres de culpa, ya que ellos han permitido que muchos de sus ciudadanos se asocien con los traficantes de drogas internacionales, haciéndose de la vista gorda y muchas veces brindándoles cierto tipo de protección a través de funcionarios civiles y militares, que son parte de muchos de los gobernantes de turno de cualquiera de los países en desarrollo.

Los gobiernos de estos países, fueron pocos previsores, de los males que provocaría la expansión de la producción de esa sustancia; y permitieron un crecimiento desmedido de la economía de esos sectores. Los cuales le dan acceso a todos los bienes y servicios que son propios de las sociedades de los países desarrollados; creando así una competencia con los clásicos ricos de estas naciones. Esta situación ha llevado a encuentros sangrientos entre estos grupos, tanto en lo externo como en lo interno de esta sociedad delictiva. Lo que ha llevado, que muchos miembros prominentes de la sociedad de los países desarrollados hayan propuesto la legalización de algunas de las drogas, y así, hacer un negocio lícito de algo que ha costado tanta vida; tanto por el efecto de la droga misma en el individuo, como los encuentros homicidas entre los participantes del comercio.

Las drogas, han sido aliadas del hombre casi desde la existencia de este, y se ha usado en la farmacología para ayudar a muchos seres vivientes; pero el hombre ha tergiversado el uso y manejo de esta, dando como resultado la descomposición social en que viven muchos seres humanos, producto de los efectos que producen los estupefacientes en el cerebro.

Creemos que el comercio y el uso de dicha sustancia, debe ser sancionado en todos los segmentos de la sociedad y con todo el rigor de las leyes que los pueblos hayan impuesto. Lo que no creemos, y algo que los países del Tercer Mundo no deben aceptar, es que los países del Primer Mundo quieran imponerle una camisa de fuerza a estos países acusándolos de la desgracia en que vive la sociedad de sus pueblos, por el uso y abuso de dichas sustancias.

No es posible que los países del Tercer Mundo sean los que carguen con el peso de toda la responsabilidad, afectando de esta manera el desenvolvimiento social y económico de estos países por la imposición de sanciones que dificultan la vida de todos sus ciudadanos.

Los países del Tercer Mundo deben unirse y exigir a los países desarrollados que compartan las responsabilidades y las consecuencias trágicas. que está viviendo el mundo. Así como ellos compartieron los beneficios que de la comercialización de esta se derivaron; pero, ahí se hicieron de la vista gorda cuando el negocio se expandía como fuego en un barril de pólvora.

Es de justicia que los países del Primer Mundo entiendan que son sus gentes las que demandan de la producción de estupefacientes; siendo los gobiernos de estos pueblos muy benignos y hasta generosos con estos, en la mayoría de los casos.

Las naciones subdesarrolladas deben recabar su dignidad y respeto ante las grandes naciones, haciendo valer sus derechos y costumbres para que de esta manera sean los países ricos los que se tomen su pócima de responsabilidad.

LOS PAÍSES DEL TERCER MUNDO Y SU CRUCE AL PORVENIR

La tarea para que los países del Tercer Mundo crucen al porvenir, es un compromiso de todos los que comparten la suerte o la desgracia de vivir en las naciones subdesarrolladas.

Los países del Tercer Mundo deben unirse y crear un marco legal donde todas las naciones se manejen con un interés común, que debe ser, el de mejorar la forma de vida de sus habitantes; la cual se puede lograr mejorando el medio ambiente, incrementando la producción, compartiendo mejor las riquezas que produce la gente, educándolos, brindándoles acceso a la salud y a la buena alimentación.

Para lograr estos objetivos el pueblo debe elegir a un gobierno que crea en ellos, pero no solo a la hora de votar, sino cuando ese gobernante necesite un servicio, ya sea para su propia salud o de cualquier otra índole, y utilice la capacidad de los profesionales de ese pueblo que él en su campaña le había manifestado tantas dotes de fe y sabiduría. Que combata los actos de corrupción que han siclo de los elementos que más han atrofiado el desarrollo de estas naciones.

Un gobernante que no permita que los países desarrollados lo conviertan en marioneta; un gobernante que enaltezca los héroes reales, que son aquéllos que lo han dado todo por el bienestar de su pueblo; un gobernante que cree un sistema de justicia imparcial, donde la igualdad ante las leyes sea el primer mandamiento: un gobernante que sus oídos y ojos estén prestos para oír y ver al pueblo; un gobernante que el trabajo sea su primer deber; un gobernante que se preocupe por que las oficinas estatales cumplan con sus responsabilidades; un gobernante que valore el buen trabajo de las personas, sin distinción de partido, credo o color de su piel; un gobernante que valore las raíces culturales de su pueblo; un gobernante que llene de optimismo y fe a su pueblo, con el ejemplo del trabajo y la honradez; un gobernante que elimine las figuras parasitarias del Estado; un gobernante con visión futurista; un gobernante revestido de cordura y conocimiento para el buen manejo de los recursos del pueblo.

Y como punto final, un gobernante que esté en condición de ofrendar su vida si fuese necesario, para cumplir con todo lo antes expuesto.

Para que todas estas condiciones se cumplan en un buen gobernante es natural que debe haber un pueblo idóneo y que esté en condiciones de responder con sus actos a ese gobernante. Por lo que este ciudadano debe regirse por las leyes de su país, respetando así las normas y costumbres. Deber este, que ha de nacer en el hogar de cada una de las familias que compone ese pueblo; para así contar con los hombres que queremos como gobernantes.

CONCLUSIONES

Los países africanos, asiáticos, del Medio Oriente, del Este y latinoamericanos, deben convertirse todos en una sola voz, en un solo cuerpo, para que así por una lógica de los conjuntos de grupos y el razonamiento simple de la suma matemática puedan obtener "el más", que es el total de lo que podrían dar todas estas naciones juntas, que representan un porciento muy alto por ser más de la mitad de la totalidad de la población del mundo, lo que significa, que los países del Tercer Mundo son más que el resto de la población del planeta Tierra; por lo que creo que si se concentran todos los esfuerzos en una misma dirección, no habría otra respuesta que no sea el éxito.

El éxito para el Tercer Mundo es la seguridad de la salud, la comida y la educación, que son tres elementos fundamentales para que el hombre pueda desarrollar sus actitudes, para así lograr una mejor forma de vida. Los países subdesarrollados deben abocarse a luchar por esos tres elementos, porque son estos los factores principales que mantienen estos países en el letargo y la situación de pobreza en que viven. Solamente la voluntad y el deseo de toda su gente puede romper los muros de contención que mantienen a estos pueblos achicados en el terreno de la ignorancia.

Los gobiernos de las naciones del Tercer Mundo deben unir los esfuerzos en el desarrollo y la educación, haciendo más eficiente el sistema prevaleciente, con miras a desarrollar hombres y mujeres de ciencias, que podrían ser los que complemente los niveles de la salud y la alimentación, ya que esos dos renglones de la vida necesitan del conocimiento científico, como las plantas necesitan del agua, principalmente en estos tiempos de competitividad tecnológica en que los países desarrollados tratan de arropar a los pequeños convirtiéndolos en siervos de sus rebaños.

La producción de alimento es una labor que requiere de la colaboración científica de los hombres de ciencias, los cuales deben instruirse y diciplinarse en áreas específicas y así contribuir a desarrollar un rubro determinado con éxito, para lo cual hay que envolver todos los centros educativos, principalmente aquellos que sean afines con las ramas científicas; como son: la agricultura, la avicultura, ganadería y la pesca, que son fuentes esenciales para la buena nutrición del ser humano. Los científicos productores de estos renglones de la alimentación, deben combinar sus conocimientos entre sí para obtener en cada uno la optimización de los productos.

Los gobiernos deben crear las estimulaciones del desarrollo de estas disciplinas, otorgándoles premios y reconocimientos a los que más se esfuercen por lograr el mejoramiento de la producción de los renglones nutricionales antes mencionados.

En el área de la salud, como la de educación, deben ponerse los mismos esfuerzos y crear una cadena humana de concientización, para que cada uno de los responsables de su área cumpla con su rol.

La educación debe declararse un patrimonio de necesidad de cada uno de los ciudadanos que forman los países del Tercer Mundo, para que se erradique el analfabetismo y al mismo tiempo empezar el camino hacia el conocimiento tecnológico; que es la única vía que tienen los países subdesarrollados de alcanzar un progreso verdadero y duradero. Ya que han sido muchos los países del Tercer Mundo que han alcanzado una riqueza efímera, muchas veces resultado de la explotación de sus recursos naturales, o de la subida violenta de los precios internacionales de un producto determinado, produciéndose así un incremento en el marco económico, muchas veces con niveles más altos a los de los países ricos; pero por el desconocimiento de las ciencias económicas y las ramas afines a ellas, la riqueza se fue como el paso de una "estrella fugaz" en el firmamento, dejando en muchos de esos países, el sabor que le queda cuando se ha comido un buen manjar.

Para producir y educarse hay que estar en salud, para lo cual debemos someternos a un control de manejo corporal y nutricional, con el asesoramiento de los profesionales de la salud, los cuales entiendo deben retomar el camino de la salud moderna, que implica el conocimiento de las causas y efectos de las nuevas enfermedades, que aunque son los mismos cuerpos, de los tiempos de Hipócrates, el médico griego que vivió siglos atrás y que orientó a millares de personas en el campo de la salud.

Los profesionales de la salud han de capacitarse en los nuevos factores que están incidiendo en la salud de los tiempos actuales, para lo cual hay que hacer una revisión completa de los programas de las facultades de medicina en las universidades; donde se incluya el estudio de la genética, en su plano más amplio, para así encontrar las respuestas a muchas de las enfermedades que están causando grandes estragos en la humanidad.

Deben ampliarse los estudios de la farmacología con el entendimiento y la aplicación de la química, que podría ser otra parte a la respuesta de la salud de la humanidad actual y futura.

Otra recomendación para el buen futuro de las naciones pobres, es la salud de los Estados, a las cuales hay que desparasitarlos, excretando de este, todos aquellos, incluyendo los funcionarios que solo han vivido como parásitos del Estado, en perjuicio de los verdaderos forjadores de las naciones. Adjunto al vermífugo habría que aplicar una amputación cefálica a la corrupción, que es uno de los peores males de la salud de los Estados tercermundistas.

Los poderes legislativos deben ser revisados en sus funciones y atribuciones, para que trabajen en pos de la función para la que fueron elegidos, que es para crear leyes para el bienestar del pueblo, y no para los intereses de un determinado partido político, que su único propósito es perpetuarse en el poder para el beneficio de sus líderes.

Mis recomendaciones a la gran mayoría: que es a ese pueblo que día a día hace que esos espacios físicos de la tierra se conviertan en lo que son las naciones, los pueblos, las regiones, y cualquier otra determinación geográfica con que se quiera clasificar; pero son los más marginados en todo el componente de la sociedad. Por lo que le sugiero una participación activa en cada uno de los procesos de la vida política y civil de las naciones.

Es una responsabilidad de cada ciudadano velar por que tanto la salud de su gente como la del Estado mismo estén en buenas condiciones; velar porque los gobernantes y legisladores trabajen para las funciones que se les han encomendado, para que de esta manera se pueda producir un buen producto y haya una mejor educación, y así todos crucemos a un mejor porvenir.

Otro aspecto de mucha importancia para el desarrollo de los países pobres, es su tecnificación para lo cual hay que desarrollar las herramientas humanas que han de manejar esas maquinarias por lo tanto, hay que desarrollar escuelas y centros universitarios con una vocación personificada hacia los aspectos técnicos, que van a ser lo que van a llevar a estos países a ponerse en capacidad de competir con las naciones desarrolladas.

Los centros de estudios de los países subdesarrollados han de ser revaluados, para que se puedan implementar con la metodología moderna que se está aplicando en los países industrializados, para de esta manera las industrias existentes de estos países puedan ampliar su producción a niveles competitivos a los existentes en los países desarrollados.

Los gobiernos tercermundistas deben privatizar todas esas empresas e industrias que se han convertido en el caldo de cultivo de políticos parásitos que se alimentan de estas en perjuicio del Estado, afectando así a todos los pobladores, por ser este patrimonio de todos los que forman la Nación.

Hay que crear leyes claras y precisas en el aspecto civil, comercial y criminal, para devolverle la fe al pueblo para que este pueda actuar con cierto marco de seguridad en los diferentes aspectos jurídicos.

Los gobiernos tienen que romper los monopolios empresariales, para así darle una mayor oportunidad al pueblo en los bienes y servicios que se generan en estos, para que no sean de un grupo muy reducido, que son los que se benefician, casi siempre con el amparo de los gobiernos de turno.

Los países del Tercer Mundo deben reconocer su identidad para poder defenderla; la cual se puede lograr a través de una educación eficaz.

www.ingramcontent.com/pod-product-compliance
Lightning Source LLC
LaVergne TN
LVHW010559160826
845677LV00013B/3185

9798374610666